JN114131

医療的ケア児の健康管理における養護教諭の役割

教育・保健・医療・福祉の協働を目指して

津島ひろ江
荒木暁子 編
吉利宗久

誠信書房

まえがき

　医療的ケア児[*1]とその家族に出会い，家庭を訪問しました。在宅で吸引などを行っている母親の「子どもにきょうだいや友だちの通う地域の学校で教育を受けさせたい」と切なる思いに共感したのは1990年代のことでした。様々な支援を受けながら教育委員会との交渉を行い，ようやく通常の学校への入学許可証が送られてきました。ただし，それは親の同伴を条件とするものでした。それでさえ，母親は「その許可証が飛んでいってはいけないので，布団の下に置いて寝た」と話されたことが記憶に残っています。平成6（1994）年，ユネスコのサラマンカ宣言がインクルーシブ教育に言及した頃でした。以来，私は医療的ケア児の学校教育に関する先駆的実践校を探し，全国的に訪問いたしました。その中の一例は，私が特別支援教育に関わる原点となっています。人工呼吸器を装着していた生徒が車いす通学に限らず，ベッドでの通学をも認められていました。自宅から学校までの移動や親の同伴により，医療的ケアを行うために地域・福祉・医療・教育・ボランティア等の連携したシステムが当時に構築されていることに驚きました。保健所に多職種・多機関の中心となる人が集い，そのサポートシステムのマネジメントを地域の保健師が行っていました。約30年前のことです。このような事例を収集するなかで，医療的ケア児の教育を可能にするためには，教育のみでなく地域における行政，保健・医療・福祉を包括した支援システムの構築とコーディネートする人材の育成が不可欠であると感じるようになりました。

　医療的ケア児への法制度が急速に変革し，インクルーシブ教育の体制整備が進められていますが，その実施体制は自治体によりかなりの差が見られます。それに対して親の会や関係者の働きかけが国を動かし，令和3（2021）年に「医療的ケア児支援法」が制定されました。この法律では医療的ケア児

---

*1　本書では，「医療的ケア等の必要な児童生徒」のことを「医療的ケア児」で統一しています。

のために，医療的ケア看護職員等を配置することが努力義務から責務となりました。それに伴い，児童生徒の健康の保持増進を職務とする養護教諭の役割はますます重要になっています。ただし，これらの新しい動向が進展する一方で，とまどいをもつ養護教諭も少なくないようです。そこで本書では医療的ケア児へのケアの実施のみでなく，健やかな成長と自立を目指した健康管理に着目しました。養護教諭の役割は他職種にどれくらい理解されているのでしょうか。また，養護教諭自身が他職種を理解して有機的連携を進めるためには何が必要なのでしょうか。

　これらの疑問にアプローチするために，本書では学術的な情報はもとより，臨場感あふれる実践的なトピックを多数取り上げました。特に，神戸市，広島市の養護教諭の具体的な取り組みについて紹介しています。また，コラムでは，教育，医療，福祉の最前線でご活躍の方々に原稿をお寄せいただきました。これらの情報は，日々の教育実践の展開において参考になるはずです。各章は，特別支援教育の研究者，養護教諭養成に関わる教員，看護教育に関わる教員，特別支援学校の養護教諭・医療的ケア看護職員，専門看護師など，多様な立場から医療的ケア児とその家族に関わっている者で執筆いたしました。そのため，読者の関心に基づき，どの章からでも読み進めていただくことができるように構成されています。

　最後になってしまいましたが，本書の出版にご尽力をいただきました誠信書房の皆様に感謝を申し上げます。とりわけ，編集部の小林弘昌様には企画から出版まで幾度となく丁寧なご対応をいただきました。本書は，インクルーシブ教育の研究者である吉利宗久先生のご支援で実現したものです。このような機会を作ってくださった皆様，共通する関心をもって本書を手に取ってくださった読者の皆様に感謝を申し上げ，本書の紹介とあいさつとさせていただきます。

　令和5年8月

　　　　　　　　　　　　　　　　　　　　　　　　　　編者を代表して

　　　　　　　　　　　　　　　　　　　　　　　　　　津島　ひろ江

目　次

第1章

学校教育における医療的ケアの法制度

【本章のねらい】

　インクルーシブ教育を標榜する国連障害者権利条約の批准により，学校における医療的ケアの実施体制の整備が急務となっている。医療的ケア児支援法は，学校に在籍する医療的ケア児の状況に応じた適切な支援を求めており，その充実のために養護教諭の果たす役割は大きい。本章では，特別支援教育の制度的枠組みを捉え，学校における医療的ケアの現状と動向を理解する。

1.1　特別支援教育と医療的ケア

　国際連合は，平成 28（2016）年に「障害者権利条約（Convention on the Rights of Persons with Disabilities; CRPD）」を採択した。その第 24 条は，障害者の教育権を認め，締約国に対してあらゆる段階におけるインクルーシブ教育システム（inclusive education system）及び生涯学習を確保するために，個人に必要とされる合理的配慮の提供などを規定した。日本では，平成 23（2011）年の障害者基本法の改正や平成 25（2013）年の障害者差別解消法[*1] の制定といった国内法の整備が図られ，平成 26（2014）年に CRPD の批准が実現した。その過程において，文部科学省[1)] は，インクルーシブ教育システムの構築に向けて，通常の学級，通級による指導，特別支援学級，特

[*1]　障害者差別解消法は，公立学校における「合理的配慮」の提供を義務化した（学校法人は努力義務）。そして，学校法人に対する合理的配慮の提供に関する「努力義務」は，同法の改正法（令和 3 年 5 月可決，6 月公布，令和 6 年 4 月施行）により，「義務」に改められた。

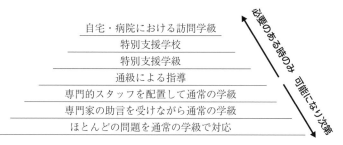

■ 図 1.1 ■
多様な学びの場の連続性
出典）文部科学省[1]の図を著者一部改変

別支援学校の連続性のある「多様な学びの場」（図1.1）を充実し，教育的
ニーズに最も的確に応える指導を提供する仕組みづくりを目指してきた。
　なお，特別支援学校は視覚障害，聴覚障害，知的障害，肢体不自由，病弱
の5つの障害種が対象となる（学校教育法第72条）。特別支援学級について
は知的障害，肢体不自由，身体虚弱，弱視，難聴に加え（学校教育法第81
条第2項），言語障害，自閉症・情緒障害が対象である[2]。「通級による指
導」は，通常の学級に在籍しながら，一部の授業を特別な場で受ける教育形
態であり，言語障害，自閉症，情緒障害，弱視，難聴，学習障害，注意欠陥
多動性障害とともに（学校教育法施行規則第140条），肢体不自由，病弱及
び身体虚弱を対象とする[2]。これらの多様な学びの場において教育を受ける
児童生徒は，表1.1に示すように増加傾向を示している。
　こうした動向の中でも，新聞などのマスメディアにおいて，医療的ケア児
に関する情報が頻繁に扱われるようになった。同時に，学校における医療的

■ 表 1.1 ■
義務教育段階における特別支援教育対象者の数と変化

年　度	特別支援学校	特別支援学級	通級による指導	合　計	学齢児に占める割合
平成23（2011）	64,884	155,255	65,360	285,499	2.7%
令和3（2021）	79,625	326,457	182,209	588,291	6.2%

出典）平成23年度は文部科学省[3]，令和3年度は文部科学省[4,5]より作成。

ケアの提供が，教育課題の１つとしてクローズアップされている。元来，「医療的ケア」という言葉は，医療現場ではなく，教育現場から生まれた経緯がある。大阪の公立養護学校（特別支援学校）校長であった松本嘉一氏は，1980年代の学校で数多く行われていた吸引などの行為が「キュア（CURE）治療」ではなく，「ケア（CARE）介護」であることを明確にすべきと考えた。さらに，「医療ケア」となれば看護という意味となり，「医行為」と並んで医療の範疇に入ることに留意した。それらの問題を避けるため，教育活動の一環として実施される行為として「的」という文字が加えられた[6]。こうして，「医療的ケア」という言葉にたどり着き，広く用いられるようになった。

1.2　学校における医療的ケアの現状

　近年には医療技術の進歩に伴い，医療的ケア児の増加が顕著になっている。図1.2に示したように，医療的ケア児（0〜19歳）の推計数は，若干の変動を示しながらも，平成17（2005）年度（9,987人）から令和3（2021）

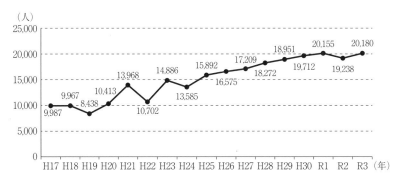

図1.2
在宅の医療的ケア児の推計値（0〜19歳）
出典）厚生労働省[7]
原注）厚生労働科学研究費補助金障害者政策総合研究事業「医療的ケア児に対する実態調査と医療・福祉・保健・教育等の連携に関する研究（田村班）」及び当該研究事業の協力のもと，社会医療診療行為別統計（各年6月審査分）により厚生労働省障害児・発達障害者支援室で作成。

年度（20,180 人）の間に倍増している。この現状は，今後の学校教育への直接的な影響を示しており，特別支援学校だけではなく，通常の学校での受け入れ体制の整備が急務になっている。

　実際に，特別支援学校（図 1.3）や通常の学校（図 1.4）において医療的ケア児及び医療的ケア看護職員・認定特定行為業務従事者等の数は増加傾向を示している。なお，認定特定行為業務従事者とは，登録研修機関において社会福祉士法及び介護福祉士法施行規則附則第 4 条に定める「喀痰吸引等研修」（対象者や実施可能な行為によって，第 1 号研修，第 2 号研修，第 3 号

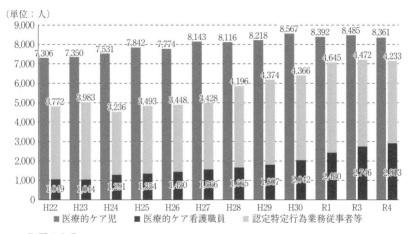

（単位：人）

■ 図 1.3 ■
特別支援学校における医療的ケア児及び医療的ケア看護職員・認定特定行為業務従事者等の数の推移
出典）文部科学省[8]
原注）
※調査対象
　〜H30：公立の特別支援学校（H23 は岩手県，宮城県，福島県，仙台市は調査対象外）
　R1〜：国公私立の特別支援学校
※認定特定行為業務従事者等の数
　H22，23：医療的ケアに関わっている教員数
　H24〜：認定特定行為業務従事者として医療的ケアを行っている教員等の数
　（調査期日　H24：10 月 1 日，H25〜H27：9 月 1 日，H28，H29：年度中に認定特定行為業務従事者として実際に医療的ケアを実施する者（予定を含む）。）
　R4：認定特定行為業務従事者及び介護福祉士の数
※R2 は新型コロナウイルス感染症の感染状況を踏まえ，学校の負担軽減の観点から調査を実施していない。

研修の３種類の研修がある。表1.2）を修了し，都道府県知事の認定を受けた者である（研修内容については第４章参照）。

東京都における養成と手続きを例示[10]すれば，教職員が教育委員会及び各学校で実施する「第３号研修」の基本研修に続き，特定の児童生徒に対する特定行為に関して，指導者講習を修了した医師や看護師（常勤・主任非常勤）の指導による実地研修を受講する。研修実施後，各学校が必要な研修を修了した教職員について，教育委員会を通じて認定特定行為業務従事者認定証交付を，都に申請するという流れになる。

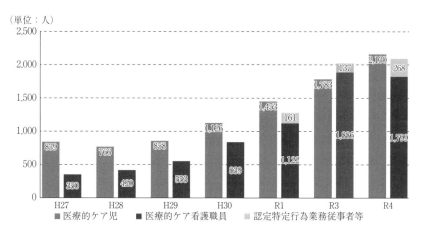

（単位：人）

■ 図 1.4 ■

通常の学校における医療的ケア児及び医療的ケア看護職員・認定特定行為業務従事者数等の推移

出典）文部科学省[8]

原注）

※調査対象

　H27：公立の小学校，中学校（中等教育学校の前期課程を含む）

　H28，29：公立の小学校，中学校（義務教育学校，中等教育学校の前期課程を含む）

　H30：公立の幼稚園（幼稚園型認定こども園を含む。），幼保連携型認定こども園，小学校，中学校，高等学校（通信制を除く。），義務教育学校，中等教育学校

　R1，R3：国公私立の幼稚園（幼稚園型認定こども園を含む。）小学校，中学校，高等学校（専攻科を除く。），義務教育学校，中等教育学校

※認定特定行為業務従事者等の数

　R1～：認定特定行為業務従事者として医療的ケアを行っている教員等の数

　R4：認定特定行為業務従事者及び介護福祉士の数

※R2は新型コロナウイルス感染症の感染状況を踏まえ，学校の負担軽減の観点から調査を実施していない。

■ 表 1.2 ■
喀痰吸引等研修における実施可能な特定行為と対象

研修区分	対象	実施可能な特定行為	研修受講対象
第1号研修	不特定多数	社会福祉士及び介護福祉士法施行規則第1条各号に掲げる行為【口腔内の喀痰吸引，鼻腔内の喀痰吸引，気管カニューレ内部の喀痰吸引，胃ろう又は腸ろうによる経管栄養，経鼻経管栄養】（5種類）	特別養護老人ホーム，介護老人保健施設，有料老人ホーム，グループホーム，障害者（児）施設等（医療施設を除く。），訪問介護事業者等に就業している介護職員等（介護福祉士を含む。）
第2号研修		同法施行規則第1条各号に掲げる行為のうち，別表第2第2号の実地研修を修了したもの【口腔内の喀痰吸引，鼻腔内の喀痰吸引，胃ろう又は腸ろうによる経管栄養】（3種類）	
第3号研修	特定の者	同法施行規則第1条各号に掲げる行為のうち，別表第3第2号の実地研修を修了したもの【口腔内の喀痰吸引，鼻腔内の喀痰吸引，気管カニューレ内部の喀痰吸引，胃ろう又は腸ろうによる経管栄養，経鼻経管栄養】（特定の者に対する必要な行為についてのみ）	障害者（児）サービス事業所及び障害者（児）施設等（医療機関を除く。）で福祉サービスに従事している介護職員等（介護福祉士を含む。）や，特別支援学校の教員，保育士等，特定の利用者に対して喀痰吸引等の行為を行う必要のある者

出典）社会福祉士及び介護福祉士法施行規則（附則第4条，第13条），厚生労働省[9]より作成。

　少子化の中でも医療的ケア児が増加しており，看護師や認定特定行為業務従事者の数も充実しつつある。令和4（2022）年と平成24（2012）年を比べると，公立の特別支援学校（表1.3）においては訪問教育[*2]対象者（2,014人→1,950人，96.8％）よりも通学者（5,517人→6,399人，116.0％），通常の学校（表1.4）においては特別支援学級（527人→1,040人，197.3％）よりも

---

*2　訪問教育とは，「訪問教育」に「障害が重度・重複していて養護学校（現在の特別支援学校）等に通学困難な児童生徒に対し，教員が家庭，児童福祉施設，医療機関等を訪問して行う」教育形態とされる[11]。学校教育法に「訪問教育」の文言は見られない。ただし，学校教育法施行規則第131条第1項では，「特別支援学校の小学部，中学部又は高等部において，複数の種類の障害を併せ有する児童若しくは生徒を教育する場合又は教員を派遣して教育を行う場合において，（中略）特別の教育課程によることができる」と規定している（下線は引用者による）。

▌表 1.3 ▐
特別支援学校に在籍する医療的ケア児の数

学部	通学・訪問教育の別	令和4年				平成24年
		国立	公立	私立	計	公立
幼稚部	通学	0	33	1	34	43
	訪問教育	0	0	0	0	0
小学部	通学	8	3,300	0	3,308	2,860
	訪問教育	0	1,033	0	1,033	1,001
中学部	通学	2	1,562	0	1,564	1,351
	訪問教育	0	438	0	438	429
高等部	通学	1	1,504	0	1,505	1,263
	訪問教育	0	479	0	479	584
計	通学	11	6,399	1	6,411	5,517
	訪問教育	0	1,950	0	1,950	2,014
	計	11	8,349	1	8,361	7,531

出典）令和4（2022）年は文部科学省[8]，平成24（2012）年は文部科学省[12]より作成。
注）医療的ケア児が在籍する特別支援学校は688校（令和4年）。調査は5月1日時点。
　　平成24年の対象は公立学校のみ。

▌表 1.4 ▐
通常の学校に在籍する医療的ケア児の数

学校種	学級の別	令和4年				平成24年
		国立	公立	私立	計	公立
幼稚園	通常の学級	1	104	166	271	—
小学校	通常の学級	3	625	11	639	259
	特別支援学級	0	888	0	888	432
中学校	通常の学級	1	104	9	114	52
	特別支援学級	0	152	0	152	95
高等学校	通常の学級	0	33	33	66	—
計	通常の学級	5	866	219	1,090	311
	特別支援学級	0	1,040	0	1,040	527
	計	5	1,906	219	2,130	838

出典）令和4（2022）年は文部科学省[8]，平成24（2012）年は文部科学省[12]より作成。
注）医療的ケア児が在籍する幼稚園は253園，小学校は1,033校，中学校は240校，高
　　等学校は52校（令和4年）。調査は5月1日時点。平成24年の対象は公立学校のみ。

通常の学級（311人→866人，278.5％）の在籍者の増加が顕著である。

　次に，学校で実施されている医療的ケアの内容を項目ごとに見る（図1.5）。特別支援学校においては，延べ30,808件の医療的ケアが実施されている。それらを行為別に見ると，件数の多い順に，喀痰吸引（口腔内）：5,075件，喀痰吸引（鼻腔内）：5,000件，経管栄養（胃ろう）：4,856件，喀痰吸引（気管カニューレ内部）：3,124件となっている。幼稚園，小・中・高等学校を含む通常の学校においては，延べ3,213件の医療的ケアが提供されている。行為別には，件数の多い順に，血糖値測定・インスリン注射：619件，導尿：570件，喀痰吸引（気管カニューレ内部）：380件，経管栄養（胃ろう）：323件となっている。

　一方，人工呼吸器による呼吸管理を要する幼児児童生徒数が，令和元（2019）年11月1日時点よりも特別支援学校（通学：475人，訪問教育：1,027人）に限らず，通常の学校（通常の学級：26人，特別支援学級：63人）でも増えている[13]。インクルーシブ教育の視座が，人工呼吸器の使用など高度な医療的ケアを要する者の教育にも拡大されつつあり，養護教諭に求められる役割も変化を求められている。

1.3　医療的ケア児の支援に向けた法制度の整備

　こうした現状を踏まえ，国レベルでの施策の立案が進められてきた。近年の学校における医療的ケアに関する通知等の発出状況を表1.5に示した。それらの主たる流れを整理しておく。従来，喀痰吸引や経管栄養は「医行為」と位置づけられ，医師や看護師などの資格を有さない教員が反復継続して行うことは法的に禁じられてきた。ただし，看護師の常駐や必要な研修の受講を条件に実質的違法性阻却（その行為が正当化される事情の存否の判断を実質的に行い，正当化される場合には違法性が阻却される）の考え方に基づき，特別支援学校教員による実施が許可されていた[14]。こうした中，介護保険法等の改正に伴い，特別支援学校教員はもとより，一定の研修を受けた通常の学校の教員についても，喀痰吸引等の5つの「特定行為」を実施することが制度上可能とされた[15]。この新制度への段階的な移行とともに，既存

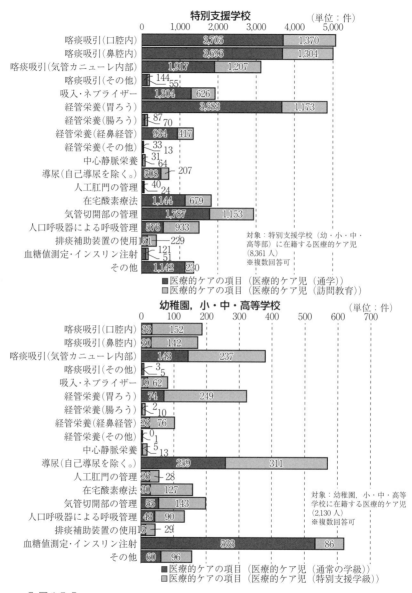

特別支援学校 （単位：件）

咯痰吸引(口腔内)　3,705　1,370
咯痰吸引(鼻腔内)　3,696　1,304
咯痰吸引(気管カニューレ内部)　1,917　1,207
咯痰吸引(その他)　144　55
吸入・ネブライザー　1,304　626
経管栄養(胃ろう)　3,683　1,173
経管栄養(腸ろう)　87　70
経管栄養(経鼻経管)　934　417
経管栄養(その他)　33　13
中心静脈栄養　31　64
導尿(自己導尿を除く。)　508　207
人工肛門の管理　40　24
在宅酸素療法　1,144　679
気管切開部の管理　1,787　1,153
人口呼吸器による呼吸管理　576　933
排痰補助装置の使用　151　229
血糖値測定・インスリン注射　121　51
その他　1,142　230

対象：特別支援学校（幼・小・中・高等部）に在籍する医療的ケア児（8,361人）
※複数回答可

■ 医療的ケアの項目（医療的ケア児（通学））
■ 医療的ケアの項目（医療的ケア児（訪問教育））

幼稚園，小・中・高等学校 （単位：件）

咯痰吸引(口腔内)　33　152
咯痰吸引(鼻腔内)　30　142
咯痰吸引(気管カニューレ内部)　143　237
咯痰吸引(その他)　3　5
吸入・ネブライザー　19　62
経管栄養(胃ろう)　74　249
経管栄養(腸ろう)　2　10
経管栄養(経鼻経管)　26　76
経管栄養(その他)　0　1
中心静脈栄養　5　13
導尿(自己導尿を除く。)　259　311
人工肛門の管理　26　28
在宅酸素療法　30　127
気管切開部の管理　55　143
人口呼吸器による呼吸管理　43　90
排痰補助装置の使用　15　29
血糖値測定・インスリン注射　533　86
その他　60　96

対象：幼稚園，小・中・高等学校に在籍する医療的ケア児（2,130人）
※複数回答可

■ 医療的ケアの項目（医療的ケア児（通常の学級））
■ 医療的ケアの項目（医療的ケア児（特別支援学級））

■ 図 1.5 ■

学校における医療的ケアの実施項目
出典）文部科学省[8]
注）調査は 5 月 1 日時点。

▌表 1.5 ▌
学校における医療的ケアに関連する通知等

日付	文書番号	表題
H16/2004 年 10 月 22 日	16 国文科初 第 43 号	盲・聾・養護学校におけるたんの吸引等の取扱いについて （文部科学省初等中等教育局長通知）
H17/2005 年 8 月 25 日	17 国文科ス 第 30 号	医師法第 17 条，歯科医師法第 17 条及び保健師助産師看護師法第 31 条の解釈について （文部科学省スポーツ・青少年局長初等中等教育局長通知）
H21/2009 年 7 月 30 日	21 ス学健 第 3 号	「救急救命処置の範囲等について」の一部改正について （文部科学省スポーツ・青少年局学校健康教育課長依頼）
H23/2011 年 7 月 5 日	医政医発 0705 号第 3 号	ストーマ装具の交換について （厚生労働省医政局医事課長）
H23/2011 年 12 月 20 日	23 文科初 第 1344 号	特別支援学校等における医療的ケアの今後の対応について （初等中等教育局長通知）
H24/2012 年 3 月 30 日	社援発 0330 第 43 号	喀痰吸引等研修実施要綱 （厚生労働省社会・援護局長通知）
H24/2012 年 4 月 2 日	24 受文科初 第 221 号	特別支援学校における喀痰吸引等の取扱いについて （文部科学省初等中等教育局長通知）
H24/2012 年 7 月 3 日	24 初特支 第 9 号	障害のある幼児児童生徒の給食その他の摂食を伴う指導にあたっての安全確保の徹底について （文部科学省初等中等教育局特別支援教育課長スポーツ・青少年局学校健康教育課長通知）
H25/2013 年 7 月 1 日	—	学校給食における窒息事故の防止について （文部科学省スポーツ・青少年局学校健康教育課・初等中等教育局特別支援教育課事務連絡）
H26/2014 年 3 月 26 日	25 文科ス 第 713 号	今後の学校給食における食物アレルギー対応について （文部科学省スポーツ・青少年局長通知）
H26/2014 年 3 月 31 日	25 初特支 第 33 号	登録特定行為事業者となっている学校における医師の指示書の取扱いについて （文部科学省初等中等教育局特別支援教育課長高等教育局学生・留学生課長通知）
H28/2018 年 6 月 3 日	28 文科初 第 372 号	医療的ケア児の支援に関する保健，医療，福祉，教育等の連携の一層の推進について （文部科学省初等中等教育局長等通知）【本書付録②参照】
H29/2019 年 8 月 22 日	—	学校におけるてんかん発作時の座薬挿入について （文部科学省初等中等教育局健康教育・食育課事務連絡）
H30/2018 年 5 月 11 日	—	看護師による気管カニューレの事故抜去等の緊急時における気管カニューレの再挿入について （文部科学省初等中等教育局特別支援教育課長事務連絡）

（つづく）

∎ 表 1.5 ∎
(つづき)

日付	文書番号	表題
H31/2019 年 3 月 20 日	30 文科初 第 1769 号	学校における医療的ケアの今後の対応について (文部科学省初等中等教育局長通知)
R1/2019 年 5 月 21 日	—	医療的ケアが必要な幼児児童生徒のスクールバスなどの専門通学車両による登下校時の安全確保について (文部科学省初等中等教育局特別支援教育課事務連絡)
R1/2019 年 11 月 11 日	—	人工呼吸器等の医療機器を使用する幼児児童生徒が在籍する学校における災害時の対応について (文部科学省初等中等教育局特別支援教育課事務連絡)
R2/2020 年 3 月 16 日	元文科初 第 1708 号	医療的ケア児に関わる主治医と学校医等との連携等について (文部科学省初等中等教育局長通知)
R2/2020 年 7 月 10 日	—	人工呼吸器等の周辺における携帯電話端末の利用について (文部科学省初等中等教育局特別支援教育課事務連絡)
R2/2020 年 8 月 6 日	—	平成 31 年度「電波の植込み型医療機器及び在宅医療機器等への影響に関する調査等」報告書について (文部科学省初等中等教育局特別支援教育課事務連絡)
R2/2020 年 8 月 7 日	—	「医療的ケア児等医療情報共有システム (MEIS)」の活用について (文部科学省初等中等教育局特別支援教育課事務連絡)
R3/2021 年 6 月 18 日	3 文科初 第 499 号他	医療的ケア児及びその家族に対する支援に関する法律の公布について (公布通知)
R3/2021 年 8 月 23 日	3 文科初 第 861 号	学校教育法施行規則の一部を改正する省令の施行について (初等中等教育局長通知)
R3/2021 年 9 月 17 日	3 文科初 第 1071 号	医療的ケア児及びその家族に対する支援に関する法律の施行について (初等中等教育局長通知)
R4/2022 年 4 月 1 日	—	令和 4 年度診療報酬改定を踏まえた医療的ケア児に関わる主治医と学校医等との連携等について (文部科学省初等中等教育局特別支援教育課事務連絡)
R4/2022 年 12 月 1 日	医政発 1201 第 4 号	医師法第 17 条, 歯科医師法第 17 条及び保健師助産師看護師法第 31 条の解釈について (その 2) (厚生労働省医政局長通知)

の学校システムを再構築することが要請されることになった。

　さらに，医療的ケア児の増加に加え，人工呼吸器の管理等の特定行為以外の医療的ケアへのニーズの高まりなどを背景に，通常の学校を含む全ての学校における医療的ケアの基本的な考え方が改めて整理された[16]。ここでは，学校における医療的ケアの実施のための養護教諭の役割として，①保健教育，保健管理等の中での支援，②児童生徒等の健康状態の把握，③医療的ケア実施に関わる環境整備，④主治医，学校医，医療的ケア指導医等医療関係者との連絡・報告，⑤看護師等と教職員との連携支援，⑥研修会の企画・運営への協力，が列挙された。

　その後，令和3（2021）年1月に出された中央教育審議会答申[17]は日本型インクルーシブ教育システムを構築するための実践的課題の1つとして，学校と医療，保健，福祉といった関係機関との適切な連携の必要性を改めて強調し，教員と看護師等の専門家が協働する医療的ケアの実施体制を早急に整備すべきことを提言した。令和3（2021）年6月には医療的ケア児及びその家族に対する支援に関する法律（医療的ケア児支援法）が成立し，全ての学校における支援体制の整備に向けた法的根拠が明示された。これを受け，文部科学省[18]は「小学校等における医療的ケア実施支援資料」を作成し，通常の学校を想定しながら，医療的ケアの基本的な考え方や実施方法に関する留意点を整理している。

　医療的ケア児支援法は，「医療的ケア児の健やかな成長を図るとともに，その家族の離職の防止に資し，もって安心して子どもを生み，育てることができる社会の実現に寄与することを目的とする」（第1条）ものである。そして，「医療的ケア児」を「日常生活及び社会生活を営むために恒常的に医療的ケアを受けることが不可欠である児童」と定義し（第2条第2項），18歳以上の高校及び特別支援学校高等部に在籍する者も含まれることを規定した。また，2016年に改正された児童福祉法では，地方公共団体の医療的ケア児に対する支援体制の整備を「努力義務」にとどめたことに対し，医療的ケア児支援法は「責務」と位置づけた。これにより，学校における医療的ケア児の受け入れ体制が幅広く拡充されることになる一方で，人材の確保や連携の仕組みづくり，地域格差の解消等が急務の課題として一層顕在化してい

る。インクルーシブ教育システムへの転換期を迎えた日本において，通常の学校，病院，特別支援学校等が連携する切れ目のない学校システムの構築が求められており，その実現に向けた養護教諭の役割が改めて議論されている。

1.4　学校における医療的ケアの政策的展開と残された課題

　医療的ケア児を取り巻く問題解決に向けて，教育と医療との連携に基づく新たな医療的ケア児支援システムの構築が展開されている。文部科学省は，「学校における医療的ケア実施体制充実事業」（令和 5 年度予算 3,700 万円，前年度 3,600 万円）を継続的に展開しており，①小・中学校等における医療的ケア児の受け入れ・支援体制の在り方に関する調査研究，②医療的ケア看護職員等に関する効果的な研修方法の開発を推進している。医療的ケア看護職員（保健師，助産師，看護師，准看護師の有資格者）は，令和 3（2021）年 8 月に学校教育法施行規則第 65 条の 2 に新たに規定された職員であり，「小学校における日常生活及び社会生活を営むために恒常的に医療的ケア（人工呼吸器による呼吸管理，喀痰吸引その他の医療行為をいう。）を受けることが不可欠である児童の療養上の世話又は診療の補助に従事する」。その具体的な職務内容としては，①医療的ケア児のアセスメント，②医師の指示の下，必要に応じた医療的ケアの実施，③医療的ケア児の健康管理，④認定特定行為業務従事者である教職員への指導・助言が列挙されている[19]。

　また，医療的ケア看護職員に関しては，文部科学省が「特別支援教育専門家等配置」の一環として，都道府県・市町村，学校法人を対象に看護師雇用のための財政補助制度を導入してきた（補助割合，国 1/3，補助事業者 2/3）。この取り組みは，平成 25（2013）年度に開始されていた特別支援学校に対する看護師配置補助の対象に，平成 28（2016）年度から小・中学校が加えられたもので，今日では幼稚園や高校も対象に含めた補助対象者数の拡充も図られている。文部科学省[20]によれば，医療的ケア看護職員の配置（校外学習や登下校時の送迎車両への同乗を含む）のために，3,740 人分の予算（令和 5 年度，33 億 1,800 万円）が確保されることになり，前年から 740

人分の追加配分となっている。児童の養護をつかさどる養護教諭と医療的ケア看護職員の有機的な連携も進められなければならない。

　さらに，文部科学省[8]によれば，通常の学校での学校生活において保護者が医療的ケアを行っている事例（幼稚園から高校を含む）が全国で517人に上り，その過半数（285件）は医療的ケア看護職員や認定特定行為業務事業者の配置不足を理由とした。ただし，一部には医療的ケア看護職員等がいても学校・教育委員会の希望により保護者がケアを行っている事例も見られた（29件）。この状況は，先行して医療的ケアを提供してきた特別支援学校においてより顕著である。特別支援学校における学校生活のために付添いを行っている医療的ケア児（351人）の保護者の付添い理由として「医療的ケア看護職員等はいるが学校・教育委員会の希望」（197件，56.1%）がいまだに最も多い。医療的ケア児支援法は，学校の設置者に対して，「医療的ケア児が保護者の付添いがなくても適切な医療的ケアその他の支援を受けられるようにするため，看護師等の配置その他の必要な措置を講ずるものとする」（第10条第2項）と規定している。しかし，医療的ケア児の就学を支えるための医療的ケア看護職員の効率的な学校配置システムを確立する必要性はもちろんのこと，単にその充足のみでは解決されない課題も残されている。CRPDの理念を考慮すれば，人権としてのインクルーシブ教育の確保が喫緊の課題であり，養護教諭の専門性と保健室の機能を最大限に生かした校内支援体制の構築がますます重要になっている。

引用文献

1）中央教育審議会初等中等教育分科会（2012）共生社会の形成に向けたインクルーシブ教育システム構築のための特別支援教育の推進（報告）．平成24年7月23日．
　https://www.mext.go.jp/b_menu/shingi/chukyo/chukyo3/044/houkoku/1321667.htm（確認日：2023/3/2）
2）文部科学省初等中等教育局長（2013）障害のある児童生徒等に対する早期からの一貫した支援について（通知）．25文科初第756号．平成25年10月4日．
　https://www.mext.go.jp/a_menu/shotou/tokubetu/material/1340331.htm（確認日：2023/3/2）
3）文部科学省／初等中等教育局特別支援教育課（2012）特別支援教育資料（平成23年度）．
4）文部科学省／初等中等教育局特別支援教育課（2022）特別支援教育資料（令和3年度）．
5）文部科学省／初等中等教育局特別支援教育課（2023）令和3年度通級による指導実施状況調査．

6）松本嘉一　（2006）　医療的ケア断章―私史的観点から―. 大阪養護教育と医療研究会 編.
　　医療的ケア―あゆみといま，そして未来へ―. クリエイツかもがわ. pp. 74-85.
7）厚生労働省　（2022）　医療的ケア児等とその家族に対する支援施策.
　　https://www.mhlw.go.jp/stf/seisakunitsuite/bunya/hukushi_kaigo/shougaishahukushi/service/index_00004.
　　html（確認日：2023/3/2）
8）文部科学省／初等中等教育局特別支援教育課　（2023）　令和 4 年度学校における医療的ケア
　　に関する実態調査結果（概要）.
　　https://www.mext.go.jp/content/20230324-mxt_tokubetu02-000028303_4.pdf（確認日：2023/7/5）
9）厚生労働省　（2012）　喀痰吸引等の制度（全体像）.
　　https://www.mhlw.go.jp/seisakunitsuite/bunya/hukushi_kaigo/seikatsuhogo/tannokyuuin/dl/tannokyuuin_
　　20120301_2.pdf（確認日：2023/6/22）
10）東京都教育委員会　（2021）　都立学校における医療的ケア実施指針（改訂）.
　　https://www.kyoiku.metro.tokyo.lg.jp/school/document/special_needs_education/files/medical_care/
　　medical_care_01_00.pdf（確認日：2023/3/6）
11）文部省／初等中等教育局特殊教育課　（1978）　訪問指導事例集.
12）文部科学省／初等中等教育局特別支援教育課　（2013）　平成 24 年度特別支援学校等の医療
　　的ケアに関する調査結果について（別紙 3）.
13）文部科学省　（2020）　令和元年度学校における医療的ケアに関する実態調査.
　　https://www.mext.go.jp/content/20200317-mxt_tokubetu01-000005538-03.pdf（確認日：2023/3/2）
14）文部科学省初等中等教育局長　（2004）　盲・聾・養護学校におけるたんの吸引等の取扱い
　　について（通知）. 16 国文科初第 43 号. 平成 16 年 10 月 22 日.
　　https://www.mext.go.jp/a_menu/shotou/tokubetu/material/1414596_00004.htm（確認日：2023/3/2）
15）文部科学省初等中等教育局長　（2011）　特別支援学校等における医療的ケアの今後の対応
　　について（通知）. 23 文科初第 1344 号. 平成 23 年 12 月 20 日.
　　https://warp.ndl.go.jp/info:ndljp/pid/11402417/www.mext.go.jp/b_menu/hakusho/nc/1314510.htm（確認日：
　　2023/3/2）
16）文部科学省初等中等教育局長　（2019）　学校における医療的ケアの今後の対応について
　　（通知）. 30 文科初第 1769 号. 平成 31 年 3 月 20 日.
　　https://warp.ndl.go.jp/info:ndljp/pid/11402417/www.mext.go.jp/b_menu/hakusho/nc/1314510.htm（確認日：
　　2023/3/2）
17）中央教育審議会　（2021）　「令和の日本型学校教育」の構築を目指して―全ての子供たちの
　　可能性を引き出す，個別最適な学びと，協働的な学びの実現―（答申）. 中教審第 228 号.
　　https://www.mext.go.jp/b_menu/shingi/chukyo/chukyo3/079/sonota/1412985_00002.htm（確認日：2023/
　　3/2）
18）文部科学省／初等中等教育局特別支援教育課　（2021）　小学校等における医療的ケア実施
　　支援資料―医療的ケア児を安心・安全に受け入れるために―. 令和 3 年 6 月.
　　https://www.mext.go.jp/a_menu/shotou/tokubetu/material/1340250_00002.htm（確認日：2023/3/2）
19）文部科学省初等中等教育局長　（2021）　学校教育法施行規則の一部を改正する省令の施行
　　について（通知）. 3 文科初第 861 号. 令和 3 年 8 月 23 日.
　　https://www.mext.go.jp/b_menu/hakusho/nc/mext_00034.html（確認日：2023/3/2）
20）文部科学省　（2023）　令和 5 年度予算（案）主要事項（初等中等教育局）.
　　https://www.mext.go.jp/content/20230119-mxt_kouhou02-000027104_9.pdf（確認日：2023/7/5）

第2章

医療的ケア児の健やかな成長を目指した包括的支援

【本章のねらい】

　医療的ケア児の健やかな成長を願って，学校では支援チームが構築されている。教職員は学校での医療的ケアのみでなく，医療的ケア児や家族の在宅生活や地域生活においてどのような支援を受けているのか，どのような資源を活用しているのかなど，保健，医療，障害福祉，保育等の包括的支援を理解することが求められている。本章では，よりよい連携協働のために多職種の職務について理解する。

2.1　医療的ケア児の地域包括支援システムの構築

2.1.1　医療的ケア児への地域包括支援体制

　包括的支援（comprehensive support）とは，課題解決に向けて，保健・医療・福祉・教育・保育・労働等の各分野が垣根を越えてあらゆる方面から多職種・多機関が連携・協働して行う支援のことをいう。

　医療的ケア児とその家族が多職種・多機関とどのような関わりを持っているのか。そのイメージ図は図 2.1 のとおりである。地域の特性を踏まえつつ連携体制が構築されているモデル図である。

　障害者の日常生活及び社会生活を総合的に支援するための法律及び児童福祉法の一部を改正する法律が平成 28（2016）年 5 月に成立した。この改正法によって新設された児童福祉法第 56 条の 6 第 2 項に，「地方公共団体は，人工呼吸器を装着している障害児その他の日常生活を営むために医療を要する状態にある障害児が，その心身の状況に応じた適切な保健，医療，福祉そ

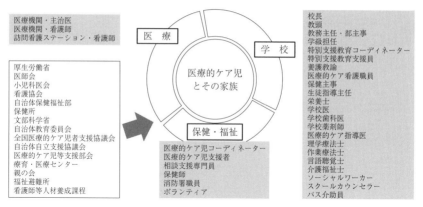

医療機関・主治医
医療機関・看護師
訪問看護ステーション・看護師

医　療

学　校

医療的ケア児
とその家族

保健・福祉

厚生労働省
医師会
小児科医会
看護協会
自治体保健福祉部
保健所
文部科学省
自治体教育委員会
全国医療的ケア児者支援協議会
自治体自立支援協議会
医療的ケア児等支援部会
療育・医療センター
親の会
福祉避難所
看護師等人材養成課程

校長
教頭
教務主任・部主事
学級担任
特別支援教育コーディネーター
特別支援教育支援員
養護教諭
医療的ケア看護職員
保健主事
生徒指導主任
栄養士
学校医
学校歯科医
学校薬剤師
医療的ケア指導医
理学療法士
作業療法士
言語聴覚士
介護福祉士
ソーシャルワーカー
スクールカウンセラー
バス介助員

医療的ケア児コーディネーター
医療的ケア児支援者
相談支援専門員
保健師
消防署職員
ボランティア

▌ 図 2.1 ▌
医療的ケア児とその家族に関わりのある多職種・多機関の包括的支援のイメージ

の他の各関連分野の支援を受けられるよう，保健，医療，福祉その他の各関連分野の支援を行う機関との連絡調整を行うための体制の整備に関し，必要な措置を講ずるように努めなければならない」ことが規定されている。

2.1.2　各分野における関係部局や関係機関との連携における留意事項

　地方公共団体は，医療的ケア児がその心身の状況に応じて適切な保健，医療，障害福祉，保育，教育等の関連分野の各支援を受けられるよう，関係機関との連絡調整を行うための体制整備を図るよう努め，地域における連携体制の構築の中心となっている。

　各分野において実効性のある取り組みを実施するため，「保健関係」「医療関係」「障害福祉関係」「保育関係」「教育関係」「関係機関等の連携に向けた施策」の分野ごとの留意事項がまとめられた通知が，平成 28（2016）年 6月に関連府省部局長連名で出されている[1]。付録②に通知を掲載したので，ここでは簡潔に分野ごとの留意事項をまとめておく。

　「保健関係」では，母子保健施策の実施を通じて母子保健担当者が医療的ケア児を把握した場合の保護者等への情報提供や関係課室等との情報共有が挙げられている。

　「医療関係」では，①訪問診療や訪問看護等の医療体制の整備，②小児在

宅医療従事者育成のための研修会の開催や小児訪問看護相談窓口の設置等の活用が述べられている。

「障害福祉関係」では，①必要な福祉的な支援に向けての計画的な体制整備，②短期入所や障害児通所支援等の確保の重要性が述べられている。

「保育関係」では，保育を必要とする医療的ケア児の保護者のニーズを踏まえた対応を図ることの重要性が取り上げられている。

「教育関係」では，可能な限り障害のない児童生徒と共に教育を受けられるようにする配慮，学校における医療的ケアの実施に当たっての考え方や連携体制の整備が述べられている。また，教育的ニーズにより応えられるように，①乳幼児期から学校卒業までの一貫した教育相談体制の整備，②医療的ケアを実施する看護師等の配置・活用・体制整備，③看護師等の確保や研修の機会の充実，④特別支援学校等での看護師の実習の受け入れ，が取り上げられている。

「関係機関等の連携に向けた施策」では，①地域における協議の場の設置，②支援をコーディネートする者の育成，③関係課室等の連携体制の構築が挙げられている。

2.2　医療的ケア児支援が努力義務から責務へ

令和 3（2021）年 6 月に医療的ケア児支援法が成立し，同年 9 月に施行された（条文については付録①を参照）。

医療的ケア児支援法では，国や地方公共団体が医療的ケア児の支援を行う責務を負うことが明文化された（第 1 条）。また，医療的ケア児支援法の基本理念（第 3 条）に則り，国は「医療的ケア児及びその家族に対する支援に係る施策を総合的に実施する責務を有する」（第 4 条）ことになり，地方公共団体は「国との連携を図りつつ，自主的かつ主体的に，医療的ケア児及びその家族に対する支援に係る施策を実施する責務を有する」（第 5 条）ことになった。国及び地方自治体は，医療的ケア児の支援が努力義務から責務を負うことへと変更され，各自治体には地方交付税として予算が配分されることになった。各自治体が予算を持ち，強制力のある中で医療的ケア児を支援

する事業を進めていくことで，これまでの地域による支援体制の格差が是正されることになる。

2.3　国・地方自治体による支援に関する施策

2.3.1　自立支援協議会の医療的ケア児等支援部会

　平成18（2006）年に施行された「障害者自立支援法」に自立支援協議会が必要とされたが，平成25（2013）年に改正された「障害者総合支援法」では第89条の3に基づく協議会となり，関係機関・関係団体並びに障害者等及びその家族，医療，教育，雇用に関連する職務に従事する者等で構成される。自立支援協議会は，市町村が設置するものと都道府県が設置するものがある。

　自立支援協議会は地域の関係者が集まり，個別の相談事例から明らかになった地域の課題を共有し，その課題を踏まえて，地域のサービスの整備を進めていく役割を担っている。協議会を構成する関係者には，保健・医療，サービス事業者，行政機関，当事者，企業・就労支援，民生委員，障害者相談員，宅建業者，相談支援事業者，高齢者介護，学校，子育て支援などが挙げられる。

　各都道府県にある自立支援協議会の医療的ケア児等支援部会は，障害福祉担当課に置かれ，協議が進められている。具体的内容は国の動向，好事例紹介，地域の状況，抱える課題の把握，医療的ケア児の学校への受け入れ，医療的ケア児支援センターの運営（2.3.3項参照），医療的ケア児等コーディネーター・相談支援専門員の育成（2.3.4項参照），医療的ケア看護職員の配置，訪問看護事業所との連携，被災時の支援体制等が挙げられる。また，国においても合同の会議が行われている。

2.3.2　地方自治体が支援を拡充する必要のある施設

　医療的ケア児の健やかな成長を図るとともに，その家族の離職防止のためには，医療的ケア児の継続した受け入れ体制が整備されなければならない。学校入学前の保育関係施設である「保育所」「認定こども園」「家庭的保育事

業」，教育施設である「幼稚園」「小学校」「中学校」「高等学校」「義務教育学校」「中等教育学校」「特別支援学校」，働く保護者が迎えに来るまでの児童の居場所である「放課後児童クラブ」「放課後等デイサービス」などの施設に医療的ケア児の受け入れが拡充するように，地方自治体が支援を進めている。

2.3.3 医療的ケア児支援センターの設置

　医療的ケア児支援法第 14 条に基づき，医療的ケア児とその家族を支えるため，各都道府県は「医療的ケア児支援センター」を開設することになった。センターの指定は各都道府県が行う。コラム 2.1 に，岡山県医療的ケア児支援センターとして指定されている旭川荘療育・医療センターについて紹介する。

　医療的ケア児支援センターは，困りごとや家族の相談に対応・助言するほか，医療，保健，福祉，教育，労働等の情報提供や各関係機関との連携調整，人材育成の研修などを実施する（図 2.2）。

　配置する職員は専門性と経験が求められることから，職員のうち 1 名以上は，医療的ケア児等コーディネーター養成研修を修了した者もしくは同等の知識を有する者が配置されている。具体的な職種として相談支援専門員，保健師，訪問看護師等が挙げられるが，資格の限定はされていない。

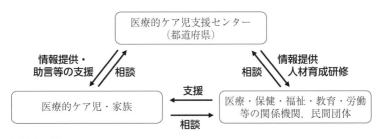

■ 図 2.2 ■
医療的ケア児支援センター
出典）厚生労働省[2] の「医療的ケア児支援センターの設置による医療的ケア児やその家族
　　への支援（イメージ）」をもとに著者作成

■ コラム 2.1 ■
障害者の「医療福祉」発祥の地での実践

　長年，医療と福祉は別々の存在だったが，近年，高齢化や障害の重度化等に伴い，両者の一体化，融合を目指す「医療福祉」への願いは切実になってきた。

　「岡山孤児院」で有名な石井十次や「北海道家庭学校」創設者の留岡幸助など，多くの福祉人材を生んだ岡山県の風土のなかで，「医療福祉」の思想と実践を先導してきたのが，2 人の医師，川﨑祐宣と江草安彦である。

　川﨑は昭和 32（1957）年，福祉は医者の仕事ではないと言われた時代に，当時としては画期的な総合医療福祉施設「旭川荘」を創設し，初代理事長となった。創設時から一貫して現場を牽引した江草は，昭和 42（1967）年，「座敷牢」に閉じ込められていた重い障害児に光を当て，県民ぐるみで，中四国初の民間重症心身障害児施設「旭川児童院」を開設し，院長となった。医療機関であると同時に福祉施設でもある，世界でも類を見ないタイプの施設である。その後，一貫してどんなに重い障害があっても，かけがえのない生命と尊厳を守るべく，早期発見・治療からリハビリテーション，自立支援そして「生活の質（QOL）」向上等に献身してきた。

　また，ノーマライゼイション理念の面では，自宅でもケアを受けられる体制の整備を目指し，地域移行とグループホーム，在宅療育訪問，医療型短期入所，重症児通園等にも先駆的に取り組み，国の制度化に寄与してきた。

　その現場実践から人材育成の重要性を痛感し，平成 3（1991）年，川﨑は，「医療福祉」を冠した全国初の「川崎医療福祉大学」を開学し，江草が初代学長に就任した。

　こうした積み重ねは，急増する「医療的ケア児」への支援にも活かすことができている。令和元（2019）年に開設した「ひらたえがお保育園」では，定型児や障害児とともに人工呼吸器装着の医療的ケア児（スコア 47 点）を積極的に受け入れている。

　岡山県は「医療的ケア児支援法」に基づき，「岡山県医療的ケア児支援センター」を，「旭川荘療育・医療センター」に指定して，令和 4（2022）年に開設した。スタッフは経験豊富な保健師，看護師，社会福祉士の 7 人。医療や教育等さまざまな分野の相談に一元的に応じるほか，市町村窓口との連携を深め，保護者が施設に短期間預ける際の調整なども，居住地の枠を越えて行っている。

　「医療的ケア児支援者養成事業」は，平成 29（2017）年から開始し，すでに支援者99 名，コーディネーター 269 名を世に送り出しており，全国トップクラスの成果を挙げている（本文参照）。

　旭川荘の取り組みは 1 つの例である。今後，全国各地で，センターやコーディネーターを軸として，地域の医療福祉関係者と市民が一体となって，インクルーシブな社会が実現されることを願ってやまない。

（旭川荘前理事長　末光　茂）

2.3.4　人材養成

(1) 医療的ケア児等コーディネーター

　医療的ケア児等コーディネーターは，医療的ケア児等の支援に関する総合調整を行う者であり，「医療的ケア児等に対する専門的な知識と経験に基づいて，支援に関わる関係機関との連携（多職種連携）を図り，とりわけ本人の健康を維持しつつ，生活の場に多職種が包括的に関わり続けることのできる生活支援システム構築のためのキーパーソンとしての役割が求められて」いる[3]。地方自治体が実施する養成研修を修了することでその活動ができるようになる。研修受講の対象者は，主に相談支援専門員，保健師，訪問看護師等が想定されている。研修を修了した者には修了証書が交付される。取得後は障害児通所支援事業所，保育所，放課後児童クラブ，学校等において，医療的ケア児等の支援ができる人が望ましいとされる。

　令和 4（2022）年度の岡山県における医療的ケア児等コーディネーター・支援者養成研修の内容を好事例として紹介する（実施主体は岡山県，実施機関は社会福祉法人旭川荘）。この養成研修の目的は以下の通りである[4]。

　　　人工呼吸器を装着している障害児その他の日常生活を営むために医療を要する状態にある障害児や重症心身障害児等（以下，「医療的ケア児等」という。）が地域で安心して暮らしていけるよう，医療的ケア児等に対する支援が適切に行える人材を養成することを目的とする。

また，受講対象者は以下の通りである[4]。

　　　受講対象者は，岡山県内の市町村又は相談支援事業所において相談支援専門員として従事している者（予定者含む），福祉施設・事業所，医療機関等で保健師，訪問看護師等として今後地域においてコーディネーターの役割を担う予定のある者，医療的ケア児等を支援している者（予定者含む）とします。

コーディネーター向けの研修内容を表 2.1（pp. 24-25）に掲載する。

▌ 表 2.1 ▌
令和 4 年度岡山県医療的ケア児等コーディネーター養成研修の内容

日数	時間(分)	項目	内容
	15	概要説明	研修の概要（目的，期待する成果等）を説明
	60	総論	コーディネーターのあり方，役割等 アドボカシー，エンパワメントの視点 多職種との連携，ネットワーク作り，資源の開発等 ケアマネージメントの手法 子育て支援としての相談支援
	90	重症心身障害医学総論，地域の医療連携など	重症心身障害医療の特徴，代表的な疾患の経過・特性，地域の医療資源，医療連携の概略等
1 日目	90	医療的ケアの実際	医療的ケア児等に必要な具体的な医療的ケア
	60	ライフステージにおける支援の要点	NICU からの移行や，学童期，成人期それぞれの支援の要点
	60	福祉制度・福祉資源	重症心身障害児（者）の計画相談に必要な福祉制度・福祉資源，特にその地域特有の制度など。
	60	医療・福祉・教育の連携（チーム作り）	地域の中で，どのような医療・福祉・教育の資源が存在し，連携をどう構築していくか。
	180	在宅支援関連施設の理解	在宅支援診療所等　医療機関 訪問看護 多機能型児童発達支援 生活介護 児童発達支援・居宅訪問型児童発達支援
2 日目	60	本人・家族の思い，ニーズ，QOL	当事者の思い，ニーズ，また本人・家族の QOL をどのようにとらえるか。
	60	重症心身障害児（者）の意思決定支援	重症心身障害児（者）のコミュニケーションの特徴，意思伝達装置についてどのように意思決定支援を行うか。
	120	重症心身障害児（者）における計画作成のポイント	演習に向けて，計画作成のポイントを学ぶ。
3 日目	420	演習　計画作成	事例をもとにした計画作成の演習。実際自分たちで計画を作成。また模擬担当者会議により，当事者の意向を反映し，また支援者間の調整を行う。
4 日目	420	演習　事例検討	事例をもとに，意見交換・スーパーバイザーによる計画作成の指導を行う。

出典）岡山県保健福祉部障害福祉課[4]の内容を一部抜粋

獲得目標	講師
研修のイメージをつかむ	
医療的ケア児等コーディネーターとして，どうあるべきか，視点，地域連携，資源の開発の方法などを理解する。	社会福祉法人　旭川荘 理事長　末光　茂　氏
重症心身障害の特徴，各疾患によるライフステージやそこに必要な医療的な支援をイメージする，地域の医療的な現状を把握する。	旭川荘療育・医療センター 顧問医師　片山　雅博　氏
医療的ケアの具体的なイメージを持つ。 それが当事者や家族にどのようなメリット・デメリットがあるか知る。	旭川荘療育・医療センター 顧問医師　片山　雅博　氏
NICU からの移行や，学童期，成人期それぞれの支援の要点を理解し，適切な計画作成ができる。	旭川荘療育・医療センター 看護顧問　義村　禮子　氏
計画相談に必要な福祉制度・資源（地域特有の制度，資源の状況）を把握し，活用ができる。	旭川児童院　地域療育センター 所長　村下　志保子　氏
地域の中で，どのような医療・福祉・教育の資源が存在し，連携はどうなっているのか，また今後どのように連携を構築（チーム作り）をしていくかを知る。	旭川児童院　地域療育センター 副所長　本田　順子　氏
重症心身障害児（者）の在宅支援に関わっている事業所や施設の実際を把握し，連携できる。	つばさクリニック 医師　中川　ふみ　氏
	岡山訪問看護ステーション看護協会 所長　佐山　純子　氏
	すくすく yell 管理者　土山　久美香　氏
	デイセンターなずな 管理者　小林　三重子　氏
	旭川児童院通園センター 支援主幹　福田　玲子　氏
当事者の思い，ニーズを知り，理解を深め，より当事者の意向に沿った計画作成ができる。	岡山県重症児を守る会 副会長　宮木　悦子　氏
重度心身障害児（者）のコミュニケーションの特徴を知り，意思決定支援をどのように行うかを学ぶことにより，当事者の意思にできるだけ沿った計画相談ができる。	旭川児童院支援部 支援顧問　石井　貞江　氏
これまでの講義を元に，特に重症心身障害児（者）の計画作成に重要な項目を理解できる。	地域活動支援センター旭川荘 地域支援課長　矢吹　徹　氏
総論やこれまでの講義を元に，特に重症心身障害児（者）の計画作成に重要なポイントを意識し，事例に基づいて計画作成ができる。	旭川児童院　他 ファシリテーター　7名
事例をもとに，ニーズの把握，当事者の意向に沿った計画作成，関係機関との調整などができる。	旭川児童院　他 ファシリテーター　7名

(2)　医療的ケア児等支援者

　地域の事業所等で医療的ケア児等を支援している人及び今後支援したいと考えている人のほか，障害児通所支援業所，障害児相談支援事業所，保育所，認定こども園，幼稚園，学校，放課後児童クラブ等で働いている人やボランティア，学生等，対象が幅広く想定されているのが医療的ケア児等支援者である。医療的ケア児等支援者養成研修を修了した人には修了証書が交付される。

(3)　相談支援専門員

　平成 18（2006）年施行の障害者自立支援法において，相談支援事業の担い手として相談支援専門員が位置づけられた。障害者本人やその家族が適切なサービスを上手に利用できるようにすること，各家庭の状況を把握して自立した日常生活や社会生活を送ることができるようにサービス事業所につなぐことのほか，全般的な相談支援を行う役割が求められる。医療的ケア児の家族の相談にも応じる。医療的ケア児を担当する相談支援専門員には，従来の福祉サービスの知識に加え，保健・医療・福祉・教育・保育についての理解と連携，医療の知識，医療的ケアに関する知識，保健・医療機関（主治医・看護師・助産師・保健師・リハ職・社会福祉関係職等）との連携など幅広い知識が必要である。都道府県で行っている医療的ケア児等コーディネーター養成研修を受講し，専門性を高めることも必要である。

2.4　学校・市町村教育委員会による包括的支援システムの構築

2.4.1　特別な教育を必要とする児童生徒へのチームとしての学校の必要性

　平成 10（1998）年の中央教育審議会[5)]の「今後の地方教育行政の在り方について（答申）」以降，地方分権等の大きな方向性の下，学校の自主性・自律性の確立を基調とした施策が進められてきた。平成 16（2004）年には栄養教諭が，平成 19（2007）年には副校長，主幹教諭，指導教諭という新たな職が設置されるなど，学校の組織運営体制は整備されてきている。

　現在配置されている教員に加えて，多様な専門性を持つ職員の配置を進め

るとともに，教員と多様な専門性を持つ職員が1つのチームとして，それぞれの専門性を生かして連携・協働することができるよう，管理職のリーダーシップや校務の在り方，教職員の働き方の見直しを行うことが必要である。

また，平成27（2015）年の中央教育審議会の「チームとしての学校の在り方と今後の改善方策について（答申）」において，チームとしての学校が成果を上げるためには，必要な教職員の配置と，学校や教職員のマネジメント，組織文化等の改革に一体的に取り組まなければならないことが提言された[6]。また，「チームとしての学校」を実現させるための具体的な改善方策の1つとして，教員以外の専門スタッフの参画が挙げられた。特別支援教育に関する専門スタッフとしては，「医療的ケアを行う看護師等」「特別支援教育支援員」「言語聴覚士（ST），作業療法士（OT），理学療法士（PT）等の外部専門家」「就職支援コーディネーター」が取り上げられた。

特別支援教育の充実のためにも，医療の専門家等との連携が求められている。公立小・中学校で通級による指導を受けている児童生徒や日常的に喀痰吸引や経管栄養等のいわゆる医療的ケア児の数は，年々増加傾向にある（第1章参照）。小学校等において，学級担任が単独で授業を行い，特別な教育的支援を必要とする児童生徒の個々の教育的ニーズに応じた適切な指導や必要な支援を全て行うことは難しい。このような状況から，令和3（2021）年の学校教育法施行規則の一部改正により，小学校において，医療的ケア児の「療養上の世話又は診療の補助に従事する医療的ケア看護職員」が配置されることになった[7]。なお，保健師，助産師，看護師，准看護師が医療的ケア看護職員として配置されるものであり，新たな資格が設けられるわけではない。

特別な教育的支援を必要とする児童生徒を直接または間接的に支援する専門スタッフを配置し，さらに心理の専門家であるカウンセラーや福祉の専門家であるソーシャルワーカーなど専門スタッフを配置し，特別な教育的支援の必要な児童生徒のアセスメントやプランニングをして教職員がチームで支援を行うことが重要である。

2.4.2　学校における医療的ケアの実施体制

　医療的ケア児の増加とともに，人工呼吸器の管理等の特定行為以外の医療的ケアを必要とする児童生徒が学校に通うようになるなど，医療的ケア児を取り巻く環境が変わりつつある。

(1)　校内委員会

　校内委員会は，「校長のリーダーシップの下，全校的な教育支援体制を確立し，教育上特別の支援を必要とする児童等の実態把握や支援内容の検討等を行うため」に設置される[8]。構成員としては，校長や教頭などの管理職，養護教諭，特別支援教育コーディネーター，学年主任，対象の児童等の学級担任などが想定される。学内における支援体制の強化及び学外への支援方策の検討等を行う。

(2)　特別支援教育コーディネーター

　各学校の校長は，特別支援教育のコーディネーター的な役割を担う教員を特別支援教育コーディネーターに指名し，校務分掌に明確に位置づけなければならない。特別支援教育コーディネーターは，「各学校における特別支援教育の推進のため，主に，校内委員会・校内研修の企画・運営，関係機関・学校との連絡・調整，保護者の相談窓口等の役割」を担う[8]。

(3)　巡回相談員

　都道府県教育委員会は，発達障害を含む障害に関する専門的知識・経験を有する者を巡回相談員として委嘱する。巡回相談員は，地域内の幼稚園，小学校，中学校，高等学校，中等教育学校及び特別支援学校を定期的に巡回し，当該学校の教員等に，発達障害を含む障害のある幼児児童生徒に対する指導内容・方法に関する助言等を行う。個別の教育支援計画及び個別の指導計画の作成に向けた助言も行う。実施に当たっては，地域の実情に応じて巡回相談員が一定の施設や機関を拠点として，来所相談を受けたり，要請に応じて学校に赴いたりすることもできる。

(4) 専門家チーム

　都道府県教育委員会は，幼稚園，小学校，中学校，高等学校，中等教育学校及び特別支援学校からの申し出に応じて，発達障害を含む障害の有無に関わる判断や望ましい教育的対応等を示すため，専門家スタッフとして指導医，医療的ケア看護職員，理学療法士，作業療法士，言語聴覚士などからなる「専門家チーム」を配置する。幼児児童生徒のニーズによってはケースワーカー，スクールカウンセラー，介護福祉士，地域の相談支援専門員などが参加することがある。

　設置に当たっては，地域の実情に応じて「専門家チーム」が一定の施設や機関を拠点としつつ，要請に応じて現地に赴いたりすることもできる。東京都では都立特別支援学校介護職員の採用試験を実施している。

2.4.3　医療的ケア実施に関する役割分担

　特定行為以外の医療的ケアを含め，通常の学校における医療的ケアの基本的な考え方を再度検討し，医療的ケアを実施する際に留意すべき点等について整理するために「学校における医療的ケアの実施に関する検討会議」が設置された。期間は平成29（2017）年10月から平成31（2019）年3月までであった。その検討会議の最終まとめ[9]では，教育委員会や学校の参考となるよう，「学校における医療的ケアの実施に当たっての役割分担例」が別紙1としてまとめられている。ここでは，その内容を表2.2（pp. 30–31）として掲載した。これは，標準的な役割分担を整理したものであり，実際には，個々の地域や学校によって多様である。

‖ 表 2.2 ‖
学校における医療的ケアの実施に当たっての役割分担例

教育委員会	• 医療的ケアに係る基本方針（ガイドライン等）の策定 • 医療的ケア協議会の設置・運営 • 医療的ケアを実施する看護師の確保（雇用や派遣委託） • 医療的ケアを実施する教職員，雇用した看護師の研修（都道府県単位の支援体制） • 学校医・医療的ケア指導医の委嘱 • ヒヤリ・ハット等の事例の蓄積及び分析 • 医療的ケア実施についての体制等について保護者や医療関係者等への周知 • 管理下の学校における医療的ケア実施体制説明資料（保護者用リーフレット，医療関係者用リーフレット）の作成と広報
校長・副校長・教頭・一部の主幹教諭	• 学校における医療的ケアの実施要領の策定 • 医療的ケア安全委員会の設置・運営 • 各教職員の役割分担の明確化 • 外部も含めた連携体制の構築・管理・運営 • 本人・保護者への説明 • 教育委員会への報告 • 学校に配置された看護師等・教職員等の服務監督 • 宿泊学習や課外活動等への参加の判断 • 緊急時の体制整備 • 看護師等の勤務管理 • 校内外関係者からの相談対応
看護師等	• 医療的ケア児のアセスメント • 医療的ケア児の健康管理 • 医療的ケアの実施 • 主治医，学校医，医療的ケア指導医等医療関係者との連絡・報告 • 教職員・保護者との情報共有 • 認定特定行為業務従事者である教職員への指導・助言 • 医療的ケアの記録・管理・報告 • 必要な医療器具・備品等の管理 • 指示書に基づく個別マニュアルの作成 • 緊急時のマニュアルの作成 • ヒヤリ・ハット等の事例の蓄積と予防対策 • 緊急時の対応 • 教職員全体の理解啓発 • （教職員として）自立活動の指導等 ※指導的な立場となる看護師（上記看護師等に加え） • 外部関係機関との連絡調整 • 看護師等の業務調整 • 看護師等の相談・指導・カンファレンスの開催 • 研修会の企画・運営 • 医療的ケアに関する教職員からの相談 ※教職員を「医療的ケアコーディネーター」として，各種の調整や研修の企画などの役割を果たしている例もある。

（つづく）

■ 表 2.2 ■
（つづき）

全ての教職員	・医療的ケア児と学校における医療的ケアの教育的意義の理解 ・医療的ケアに必要な衛生環境理解 ・看護師等・認定特定行為業務従事者である教職員との情報共有 ・ヒヤリ・ハット等の事例の蓄積や予防対策 ・緊急時のマニュアルの作成への協力 ・自立活動の指導等 ・緊急時の対応
認定特定行為業務従事者である教職員	（上記全ての教職員に加え） ・医療的ケアの実施（特定行為のみ） ・医療的ケアの記録・管理・報告 ・必要な医療器具・備品等の管理 ・緊急時のマニュアルの作成
養護教諭	（上記全ての教職員に加え） ・保健教育，保健管理等の中での支援 ・児童生徒等の健康状態の把握 ・医療的ケア実施に関わる環境整備 ・主治医，学校医，医療的ケア指導医等医療関係者との連絡・報告 ・看護師等と教職員との連携支援 ・研修会の企画・運営への協力
教育委員会の委嘱した学校医・医療的ケア指導医	・医療的ケアの実施要領や個別マニュアル等の確認 ・個々の実施に当たっての指導・助言 ・主治医との連携 ・巡回指導 ・緊急時に係る指導・助言 ・医療的ケアに関する研修 ・課外活動や宿泊学習等への参加の判断に当たっての指導・助言
主治医	・本人や学校の状況を踏まえた書面による指示 ・緊急時に係る指導・助言 ・個別の手技に関する看護師等への指導 ・個別のマニュアル・緊急時マニュアルへの指導・助言・承認 ・学校への情報提供（教育委員会の委嘱した学校医・医療的ケア指導医との連携，看護師等や教職員との連携・面談，巡回指導など） ・医療的ケアに関する研修 ・保護者への説明
保護者	・学校における医療的ケアの実施体制への理解と医療的ケア児の健康状態の学校への報告など責任を分担することの理解 ・学校との連携・協力 ・緊急時の連絡手段の確保 ・定期的な医療機関への受診（主治医からの適切な指示を仰ぐ） ・健康状態の報告 ・医療的ケアに必要な医療器具等の準備（学校が用意するものを除く） ・緊急時の対応 ・学校と主治医との連携体制の構築への協力

出典）学校における医療的ケアの実施に関する検討会議[9]の別紙1
注）令和3（2021）年の学校教育法施行規則の一部改正（2021）によって規定された「医療的ケア看護職員」も，「看護師等」と同様の役割分担が求められると考えられる。

2.5　養護教諭に求められるコーディネーター機能

　平成 20（2008）年 1 月 17 日の中央教育審議会答申において，「子どもの現代的な健康課題の対応に当たり，学級担任等，学校医，学校歯科医，学校薬剤師，スクールカウンセラーなど学校内における連携，また医療関係者や福祉関係者など地域の関係機関との連携を推進することが必要となっている中，養護教諭はコーディネーターの役割を担う必要がある」ことが，養護教諭の専門性として提言された[10]。

　コーディネート（coordinate）は，次のように定義される[11]。

　　コーディネートとは，個人や組織等，異なる立場や役割の特性を引き出し，調和させ，それぞれが効果的に機能しつつ，同じ目標に向かって全体の取り組みが有機的，統合的に行えるように連絡・調整を図ることである。このような連絡・調整役をコーディネーターという。

　実際に現場において，児童生徒の医療的ケアに関係する人が集まり，医療的ケア児の健やかな成長や安全を目指して多職種との話し合いが行われ，人と人をつなぐという調整役を担うことがコーディネーションと言われるのではない。コーディネーションという養護教諭の活動を専門的に高めていくためには，対象のニーズの把握をして，必要なセスメントを行い，計画が立てられて実施を行い，評価に至らなければならない。つまり，コーディネーション過程を分析してみる必要がある。

　養護教諭のコーディネーション事例を収集して，その実践を分析した結果から，「養護活動のコーディネーション過程」が表 2.3 のように作成されている[12]。

　医療的ケア児を対象にしたコーディネーターの実践と研究が蓄積され，明確化されることが必要である。

▌表 2.3 ▌
コーディネーション過程

①対象のニーズの発見（Needs）
　情報提供を受けて，個別（本人・保護者）のニーズを発見し，援助を開始する段階である。この段階で，本人・保護者の気持ちを十分に引き出せず，ニーズを的確に把握できない場合には，学校側と不協和音が生じやすい。保護者の気持ちを受容・共感できるカウンセリング的対応能力が必要である。

②アセスメント（Assessment）
　「評価，査定，判断」という意味である。この段階の主な活動は情報を収集することであり，集められた情報の分析と問題の明確化をする段階である。本人や家族が必要としているケアを判断するために，アセスメントの技術で心身の健康状態，必要な医療的ケアを判断するために情報を収集し，一人の人間として身体的，心理・社会的状態や行動を理解していく段階である。そのためにはアセスメント（発達，フィジカルアセスメント）技術と同時にコミュニケーションを基本にすえた面接の技法が必要になる。

③ケア計画（Plan）
　チームの共通の目標を設定し，個別のケア計画をチームで話し合って，援助の方法を選び，チームメンバーの役割を明確化する段階である。共通の目標を設定する際に本人・保護者，他職種の意見を受け入れ，尊重する姿勢が必要である。この段階は，チームメンバーが集まって会議が開かれるために，ケースカンファレンスの技法が必要である。また，フォーマル・インフォーマルな社会資源に関する知識を持っておくことが必要である。また，他職種が計画しようとしていることを理解し，代弁する能力が必要である。

④実施（Do）
　目標を達成するために社会資源を活用して，チームで具体的な実施を行う段階である。この段階では，医療的ケアを実施するために知識と技術が必要である。また，社会資源を活用し，多職種，多人数，多機関とチームでかかわるので，リーダーシップ，カウンセリング技術やネットワークの技法が必要となる。

⑤評価（See）
　目標がどの程度達成されたのか，また，コーディネーションの過程（ニーズの発見・アセスメント・ケア計画・実施・評価）の再評価をチームで行う段階である。インシデント・アクシデント報告や問題の指摘があれば，計画の変更や実施の修正のフィードバックを行うなどのモニタリングが行われる段階である。

出典）津島[12]

2.6　養護教諭の実践──医療的ケア児に関わる多職種との連携

2.6.1　広島市立広島特別支援学校の紹介

　本校は広島市の南区に位置し，児童生徒数増加に伴い平成 24（2012）年に現在の場所へ移転・開校した。対象となる障害種別は知的障害である。令和 4（2022）年度は，小学部 187 名，中学部 99 名，高等部 269 名の計 555名の児童生徒が在籍している。このうち，医療的ケア児に相当するのは 43名である。一部の区を除く広島市内全域から児童生徒が通学している。

　教職員数は 422 名で，このうち教員が 233 名，看護師が 14 名となっている。本校における医療的ケアの実施者は看護師である。以前から学級担任は医療的ケアを実施していない。

　医療的ケア室は児童生徒の教室に近い場所に，保健室は事務・管理部門に近い場所にある。

　養護教諭は 3 名おり，そのうちの 1 人である筆者は以前，病院にて看護師として勤めていた。そのときのある子どもとの出会いがきっかけとなり，養護教諭を志した。この学校に着任し，14 年目を迎えた。

2.6.2　医療的ケア実施における養護教諭と関係者の主な連携内容

　本校における養護教諭と関係者の主な連携内容は表 2.4 の通りである。養護教諭も含めた教職員は，医療的ケア児の健康状態を丁寧に確認し，理解しておく必要がある。言葉によるコミュニケーションは難しくても，自らの健康状態を私たちへ訴えかけている。そのようなとき，私たちは五感をフル活用して医療的ケア児の発するサインを受け止められるように努める。些細な表情の変化や顔色を見て，苦顔を呈していないか，むくみはないか，チアノーゼをきたしていないか等を確認する。息づかいを聞いて，普段より速迫していないか，努力呼吸になっていないかを確認する。身体に触れて，肌の張りや筋緊張状態を確認する。

　また，医療的ケア児の普段の様子やバイタルサインとの比較も重要である。そのためには，保健室来室時以外の情報も重要であることから，特に医療的ケア看護職員，学級担任とは情報共有を丁寧に行う。「今日の表情は睡

▌表 2.4 ▌
養護教諭と関係者の連携内容の一例

関係者	連携内容
教育委員会	医療的ケア指示書内容の共有 ヒヤリハット報告 医療的ケア検討委員会実施報告 次年度入学児童生徒の情報共有
管理職 （校長，教頭，部主事，事務長）	医療的ケア実施に係る全体状況の共有 実施体制の整備 ヒヤリハット報告
学校医，学校歯科医，学校薬剤師	児童生徒の健康状態について情報共有 学校医意見の聴取 医療的ケア実施に係る指導，助言 医療的ケア実施の承諾 個々に応じた口腔ケア方法についての研修 薬の取り扱いと保管についての指導 感染症対策や学校環境衛生における助言
看護師	児童生徒の健康状態や医療的ケアに関する情報共有 校内の感染症発生状況について情報共有 体調不良時や緊急時の対応 ヒヤリハット事例の共有 医療的ケア実施報告書の作成 必要物品の準備や管理
学級担任	児童生徒の健康状態について情報共有 各種書類のやり取り
医療的ケア主任，保健主事	医療的ケア検討委員会（校内委員会）の計画と実施 研修会の企画実施 ケースカンファレンスの実施 校内の環境衛生整備
栄養教諭	児童生徒の食形態について相談，助言
理学療法士，作業療法士	児童生徒の姿勢管理について指導，助言
バス介助員	児童生徒の健康状態と注意する項目について確認
保護者	主に連絡帳を通じての健康状態の情報共有 定期受診結果や主治医からの助言等を確認 緊急時の連絡手段や対応について合意形成
主治医	医療的ケア指示書作成　主治医意見の聴取 毎月の医療的ケア実施報告　医療相談 個別の医療的ケアや緊急時の対応について指導 個別のマニュアル，緊急時マニュアル作成における指導
訪問看護ステーション看護師	児童生徒の健康状態について情報共有
放課後等デイサービス職員	児童生徒の健康状態について情報共有
本校入学前の在籍園・校職員	就学前児童生徒の健康状態について情報共有

眠がしっかり取れて，調子のよいときの表情ですね」「脈拍が増加しているから，この姿勢は負担がかかっているのかもしれない。ポジショニングを工夫してみましょう」と，お互いのアセスメントを述べ合い，意見交換しながら医療的ケア児の健康状態を把握する。

　医療的ケアや教職員の対応によって不快な感覚や苦痛がなくなると，子どもに変化が表れる。普段通りの穏やかな表情を見せてくれる。体は緊張で力が入っていた状態から，全身が緩んでリラックスできるようになる。関節が和らぎ，呼吸数や心拍数も落ち着いていく。

　このように，学校において医療的ケアを安全に実施するために，関係者との情報共有や連携は欠かすことはできない。大規模校ならではの難しさを感じることは多々あるものの，医療的ケア主任や医療的ケア看護職員，学級担任と密に連携を図りながら医療的ケアを進めている。

2.6.3　定期健康診断実施における養護教諭と関係者の連携の一例

　児童生徒の健康診断は，毎学年定期に行うものと臨時に行うものがある。今回は，定期の健康診断について養護教諭と関係者の連携の一例を紹介する。本校の定期健康診断は午後から行われることがほとんどである。医療的ケア児の場合は，実施場所と実施順番に注意して計画を立てている。

　はじめに実施場所を検討する。本校の敷地はとても広く，児童生徒にとって移動に時間と負担がかかる。教務部と連携し，健康診断の実施場所（特別教室）の調整をする。児童生徒の実態に応じて，教室から近い場所もしくは教室での実施を計画する。学校医等に教室に直接出向いてもらい，健康診断を実施することもしばしばある。

　次に，実施順番を検討する。例えば，経管栄養のケアを昼の時間帯に実施している児童生徒の場合，学級担任や看護師と開始時間と終了時間，その後の必要な休息時間を確認する必要がある。医療的ケア指示書に基づいて，主治医からの注意事項も確認する。これらのことを踏まえ，実施順番を検討する。健康診断がスムーズに進められるよう，保健主事や管理職とも確認をしておく。

　実施計画をもとに，学校医・学校歯科医・学校薬剤師（学校三師）と事前

の打合せを行う。特に，歯科検診や耳鼻科検診では口腔刺激が嘔吐を誘発しないよう注意が必要である。そのため，学校三師と児童生徒の健康状態について情報共有をしておく。児童生徒の健康状態により，車いすや座位保持いすに座った状態で，あるいは，ベッド上で検診を受けられるよう依頼する。また，実施場所の環境衛生について助言を得ておく。

　当日は関係者で随時連携をとりながら，児童生徒が健康診断を安全に，そして安心して受けられるように対応する。医療的ケア児の健康状態によっては，その日の健康診断を見送り，予備日に実施することもある。

　健康診断結果について保護者へ通知するとともに，学級担任及び看護師と共通理解を図る。さらに，学校医等の指導助言についても情報を共有する。検診結果によっては，保護者に対し，主治医と共有・相談してもらうようお願いをする。

　健康診断は，児童生徒の健康状態の把握と疾病の早期発見に重要な意義がある。大規模な本校において，全児童生徒が安全に受けられるように，今後も関係者との情報共有を行い，連携を強化していく必要がある。

2.7　専門家からのメッセージ

　医療的ケア児の健やかな成長を目指して，かなりの経験を積まれ，医療的ケア児や家族に寄り添って支援されている専門家からのメッセージを紹介する。コラム 2.2 は医師の立場から高田 哲 先生（神戸市総合療育センター診療所長，神戸大学名誉教授），コラム 2.3 は看護師の立場から中務 京子先生（川崎学園看護師），コラム 2.4 は教員・教育行政の立場から阿部健志先生（岡山県立早島支援学校指導教諭）たちのコラムによるメッセージは，養護教諭や医療的ケア看護職員はもちろんのこと，多職種連携の相手の立場を理解する上で有益な内容となっている。

┃ コラム 2.2 ┃
医師の立場より──孤立をしない，孤立させない

　ここ数年，通常の学校や保育所等に通う医療的ケア児が急速に増えてきた。今後も
その傾向はより一層強まるものと予想される。通常の学校や保育所等の医療的ケア
は，学校や保育所に配置された看護師や訪問看護ステーションからの看護師が担って
いる。1つの学校・保育所等にいる医療的ケア児は1〜2名なので，配置される看護
師も1〜2名の場合が多い。文部科学省の通知では，学校ごとに医療的ケア安全委員
会を設置し，校長，教職員，学校医が共に子どもの状況を把握することを求めている
が，実際にはなかなかうまく機能していない。看護師免許を持っていても，全ての看
護師が子どもの看護や在宅医療に通じているわけではない。学校での医療的ケアに長
く携わってきた私でも，時に学校の慣習・風土に戸惑うことがある。病院における看
護師は，多くの場合，医師の指示の下，師長を中心としたチームで動いている。学校
という全く違った環境で，看護師が孤立してしまうこともよくある。医師がいない状
況下で，医療に対する過剰な責任感や不安感を抱くこともしばしばである。学校にお
いて看護師が孤立しないように，教職員との間をつなぐのが養護教諭の大切な役割だ
と思う。実際に医療的ケアに参加していなくても，教職員が教室での子どもの様子を
見守り，日頃の状況や授業での様子等の情報を看護師と共有することが重要である。
看護師が安心して働くには経験豊かな看護師や指導医が定期的に学校を巡回する制度
や主治医と相談しやすい環境づくりも重要である。そのような環境調整を行うのも養
護教諭の役割だと思う。

　療育センターや特別支援学校では，同じような障害を抱えた保護者同士が出会い，
お互いの子育ての様子を話したり，福祉サービスの情報を伝え合うことがよく見られ
る。子どもが幼いときより築かれた保護者同士のネットワークは，ライフステージを
通じて支え合う大きな力となる。しかし，最近では，乳児期より保育所等で医療的ケ
アを受けている子どもが増えてきた。定型発達の子どもの保護者と触れ合う機会も大
切だが，同じような障害のある子どもの保護者と悩みや不安を共有する機会も不可欠
である。看護師や保護者が「孤立をしない，孤立させない」ことが養護教諭に与えら
れる最重要課題である。

　養護教諭は小学校に1人配置であることが多い。他の教員の中で孤立しないための
ノウハウや経験，他校の養護教諭とのつながりを持っており，「孤立をしない，孤立
をさせない」ように保護者，看護師，教職員，学校医などに働きかけていくことが可
能である。時には，学校の範囲を超えて，近隣の医療的ケア児が在籍している学校の
看護師同士，保護者同士が話し合う機会や研修を受ける場を設けることもできる。専
門や役割を超えて人々を上手につないでいってほしい。

（神戸市総合療育センター診療所長　高田 哲）

▌ コラム 2.3 ▌
看護師の立場より──保健室は養護教諭と医療的ケア看護職員の情報共有の場

　私は，病院の看護師の経験として，母性病棟，新生児集中治療室（NICU）の経験がある。NICUで人工呼吸器を装着した重症心身障害児の家族が，退院後に在宅生活を望んだ。その退院支援として，在宅看護の連携や親と子の会の設立に関わった。特別支援学校の非常勤看護師の経験もある。

　特別支援学校の非常勤看護師として，修学旅行や課外授業に同伴したときに，ヒルシュスプリング病，てんかん，神経障害疾患の保護者の付き添いがない医療的ケア児の医療的ケアを行った。私は，修学旅行前に初めての看護師1名と養護教員1名で同行のため，医療的ケアの安全で安楽な対応ができるのか不安を抱いていた。修学旅行前に，養護教諭は保健室でお母さまと児童と私の面談の場に参加できた。直接お母さまから夜間の医療的ケアの内容や時間や注意点を知ることができた。てんかんの発作の前兆症状と対応を聞き，コミュニケーションをとることができた。その後，児童生徒健康診断票や医師の指示書，緊急時の対応の情報の共有から，フィジカルアセスメントを行い，より安全な準備を行った。夜間必要なケア（喀痰吸引・浣腸の個別的技術）やてんかん発作の前兆症状を把握し，観察と予防に努め，休息の時間と場所や，必要な医療材料の確認や処置に使用する防水シーツ等の準備を養護教諭に相談できた。私は，相談し一緒に考えることができたため，不安や孤独感も軽くなった。このときに，養護教諭の関係者に働きかけ調整する能力，コーディネーターの力に助けられた。学校のチームのメンバーとして位置づけられ校内委員会に参加することができ，修学旅行の学習意義は，集団行動を通して規律を守り協力する態度を養うことであることを確認できた。体調も安定し，2泊3日のディズニーランドから新幹線で帰ったときに，お母さまは「一生に1回の初めて，母親と離れたね。友だちとホテルで一緒に泊まり，一緒に体験できて，生き生きしてたね。たくましい顔になっている。成長がみられる」と喜び，涙を流していた。児童生徒を支え伸ばす貴重な体験をすることができた。

　現在，私は，医療的ケアに従事する人や学生の研修，医療的ケア技術や考え方の講師をしている。対象者の安全と安楽に配慮し，安心して医療的ケアが受けられることが重要である。そのためには，チームのメンバーの役割を理解し健康の情報共有を行い，連携することの大切さを臨床の場でも具体的に伝えている。

　養護教諭はすべての児童生徒の健康管理を行っている。看護師は，養護教諭と連携して，保健室に行き，医療的ケア児の情報，児童生徒健康診断票や安全委員会の情報等を共有して医療的ケアに生かし，一緒に考えて協働することが大切であると考える。

（川崎学園看護師　中務 京子）

▌ コラム 2.4 ▌
教員・教育行政の立場より──養護教諭に求められるコーディネーター機能

　私は，現在，岡山県立早島支援学校で医療的ケア児等コーディネーターをしている。本校は，人工呼吸器使用者も含め 40 名以上の医療的ケア児が在籍している。そのため，コーディネーターの存在が重要であるが，私自身は特別支援学校教諭であり，児童生徒の学習指導や生活指導を本務としている。ただ，担当教員として様々な医療的ケアを実施した経験があること，岡山県教育委員会や文部科学省において，医療的ケアも含めて教育行政に携わった経歴があるため，本校では医療的ケア児等コーディネーターに任命されている。私からは，ぜひ養護教諭には学校においてコーディネーターとしての役割を果たしてほしいということをお伝えしたい。

　学校においては，関係職員が連携し互いに協力し合う中で医療的ケアを実施することが重要である。なぜならば，学校は医師が不在の状況下において，医療の専門家である看護師と教育の専門家である教職員が力を合わせて医療的ケアを実施しなければならないからである。しかし，日々の学校生活において，しばしば看護師と教職員で見解の違いや意見の対立が生じることがある。例えば，普段とは様子が異なる児童生徒がいた場合，「授業を中断して休息するかどうか」や「下校させるかどうか」等の具体的な対応をめぐって双方の意見が対立し，時に看護師と教職員の人間関係にまで影響を及ぼすことがある。この看護師と教職員の対立や人間関係の悪化は，円滑な医療的ケアの実施に大きな弊害となる。

　このような事態にならないよう，養護教諭は教育と医療の双方に精通する専門性を生かし，コーディネーターとしての役割を果たすことが期待される。養護教諭には保健教育等の様々な業務があり，直接的には医療的ケアに関わらない場合もある。しかしながら，常に学校の医療的ケアに関心を寄せ，実施状況を把握してほしい。そして，問題が生じている場合には，課題の把握に努めると共に，看護師及び教職員のそれぞれの思いをしっかり聞いてもらいたい。看護師や教職員からみると，養護教諭は自分たちの状況や心情を理解してくれる頼もしい存在である。養護教諭には，双方の思いを受け止めながら，保有する自身の専門性を活用して諸問題を整理することが求められる。こうした養護教諭による看護師と教職員の連携支援が，学校における医療的ケアの成功のカギであると考える。

（岡山県立早島支援学校指導教諭（コーディネーター）　阿部　健志）

引用文献

1) 厚生労働省医政局長，厚生労働省雇用均等・児童家庭局長，厚生労働省社会・援護局障害保健福祉部長，内閣府子ども・子育て本部統括官，文部科学省初等中等教育局長 （2016） 医療的ケア児の支援に関する保健，医療，福祉，教育等の連携の一層の推進について（通知）．医政発 0603 第 3 号，雇児発 0603 第 4 号，障発 0603 第 2 号，府子本第 377 号，28 文科初第 372 号，平成 28 年 6 月 3 日．
   https://www.mext.go.jp/content/20200525-mxt_tokubetu02-000007449_10.pdf（確認日：2023/3/17）
2) 厚生労働省／社会・援護局障害保健福祉部障害福祉課障害児・発達障害者支援室 （2022） 医療的ケア児支援センター等の状況について．令和 4 年度医療的ケア児の地域支援体制構築に係る担当者合同会議（令和 4 年 9 月 30 日）．
   https://www.mhlw.go.jp/content/12204500/000995726.pdf（確認日：2023/3/17）
3) 厚生労働省 （n.d.） 医療的ケア児等コーディネーター養成研修実施の手引き．
   https://www.mhlw.go.jp/file/06-Seisakujouhou-12200000-Shakaiengokyokushougaihokenfukushibu/0000161126.pdf（確認日：2023/3/17）
4) 岡山県保健福祉部障害福祉課 （2022） 令和 4 年度岡山県医療的ケア児等コーディネーター・支援者養成研修について．
   https://www.pref.okayama.jp/page/803279.html（確認日：2023/3/17）
5) 中央教育審議会 （1998） 今後の地方教育行政の在り方について（答申）．
   https://www.mext.go.jp/b_menu/shingi/chuuou/toushin/980901.htm（確認日：2023/3/17）
6) 中央教育審議会 （2015） チームとしての学校の在り方と今後の改善方策について（答申）．
   https://www.mext.go.jp/b_menu/shingi/chukyo/chukyo0/toushin/__icsFiles/afieldfile/2016/02/05/1365657_00.pdf（確認日：2023/3/17）
7) 文部科学省初等中等教育局長 （2021） 学校教育法施行規則の一部を改正する省令の施行について（通知）．3 文科初第 861 号．令和 3 年 8 月 23 日．
   https://www.mext.go.jp/content/20210823-mxt_tokubetu01-000017531_01.pdf（確認日：2023/3/17）
8) 文部科学省 （2017） 発達障害を含む障害のある幼児児童生徒に対する教育支援体制整備ガイドライン――発達障害等の可能性の段階から，教育的ニーズに気付き，支え，つなぐために（平成 29 年 3 月）．
   https://www.mext.go.jp/component/a_menu/education/micro_detail/__icsFiles/afieldfile/2017/10/13/1383809_1.pdf（確認日：2023/3/17）
9) 学校における医療的ケアの実施に関する検討会議（2019）最終まとめ（平成 31 年 2 月 28 日）．
   https://www.mext.go.jp/a_menu/shotou/tokubetu/material/__icsFiles/afieldfile/2019/03/22/1413967-002.pdf（確認日：2023/3/17）
10) 中央教育審議会 （2008） 子どもの心身の健康を守り，安全・安心を確保するために学校全体としての取組を進めるための方策について（答申）．平成 20 年 1 月 17 日．
   https://www.mext.go.jp/b_menu/shingi/chukyo/chukyo0/toushin/__icsFiles/afieldfile/2009/01/14/001_4.pdf（確認日：2023/3/17）
11) 日本養護教諭教育学会 （2012） 養護教諭の専門領域に関する用語の解説集（第 2 版）．
   https://yogokyoyu-kyoiku-gakkai.jp/wp-content/uploads/yougo2-4.pdf（確認日：2023/3/17）
12) 津島ひろ江 （2006） 医療的ケアのチームアプローチローチと養護教諭のコーディネーション．学校保健研究，48(5)，413-421.

第3章

医療的ケア児の健康管理における養護教諭の実践

【本章のねらい】

　養護教諭は，学校保健専門職として，在籍する全児童生徒の健康管理（ケア）を担い，医療的ケア児の健康管理も重要な役割の１つである。ここでは，医療的ケア児の学校生活における様々な場面を取り出し，健康管理における養護教諭の役割を述べる。就学時から卒業時の健康管理のためのコーディネーター的役割，特別支援学校や通常の学校における健康観察や健康診断をはじめとした健康管理，災害時における健康管理のための養護教諭の役割と実践について理解する。

3.1　医療的ケア児の継続した支援における養護教諭の役割

　医療的ケア児が健康で安全に学校生活を送るためには，医療的ケア児の成長発達を見据え就学前から進級・卒業時までの継続した支援体制整備が重要である。支援体制づくりには多職種連携や役割分担による協働が求められており，平成27（2015）年の中央教育審議会答申[1]では校長のリーダーシップの下，教員がチームで，多職種の専門性を有するスタッフと体制を構築し，多様化・複雑化する児童生徒の課題に対応することの必要性が明文化されている。

　医療的ケア児の健康管理における養護教諭に役割は，健康状態のアセスメントはもちろんのこと，学校内外をつなぐ中核的存在としてのコーディネーターの役割も重要である。医療的ケア等の必要な情報を，関係者・関係機関と共有し，連絡・調整を行うことはリスクマネジメントの視点から支援体制

を構築するためにも重要である[2]。ここでは，医療的ケア児の受け入れとなる就学時から，進級・卒業時における養護教諭の役割を説明する。

3.1.1　養護教諭の職務

　養護教諭の職務は，学校教育法で「児童生徒の養護をつかさどる」と定められているが，この解釈は，社会の変化とともに補助的な役割から主体的な役割へと明確化されていった。

　1997（平成9）年には，心の健康問題の深刻化やいじめの増加などを背景に，ヘルスカウンセリングが重要視され，養護教諭の新たな役割が明示され，①学校保健情報の把握に関すること，②保健指導・保健学習に関すること，③救急処置と救急体制に関すること，④健康相談活動に関すること，⑤健康診断・健康相談に関すること，⑥学校環境衛生に関すること，⑦学校保健に関する各種計画・活動及びそれらの運営への参画に関すること，⑧伝染病の予防に関すること，⑨保健室の運営に関すること，の9つが具体的な職務が示された[3]。

　その後，2008（平成20）年の中央教育審議会答申[4]では，学校保健関係者の役割の明確化や校内外の組織づくりに焦点が当てられ，学校保健活動の推進のための中核的な役割が掲げられた。同時に，具体的な職務として，①保健管理，②保健教育，③健康相談，④保健室経営，⑤学校保健組織活動，の5つが挙げられた。養護教諭の職務は社会の変化に伴う児童生徒の心身の健康問題の深刻化・多様化に対し，その果たす役割は今後も拡大し多様化し続けると考えられる。

3.1.2　医療的ケア実施に対する養護教諭の職務

　前述した養護教諭の職務の変遷の中で，特別支援教育の推進においても期待される役割が増してきた。児童生徒の健康課題の解決や学校保健活動の推進のためには，学級担任等の教職員や学校三師（学校医，学校歯科医，学校薬剤師），スクールカウンセラーなどの校内連携はもとより，医療機関や福祉機関などの関係機関との連携も必須である。学校における医療的ケアの実施に関する検討会議[5]の別紙1によると，学校における医療的ケア実施にあ

たっての養護教諭の役割分担として，①保健教育，保健管理等の中での支援，②児童生徒等の健康状態の把握，③医療的ケア実施に関わる環境整備，④主治医，学校医，医療的ケア指導医等医療関係者との連絡・報告，⑤看護師等と教職員との連携支援，⑥研修会の企画・運営への協力，が挙げられている（第2章の表2.3も参照）。

3.1.3　医療的ケア児の健康管理の継続性

医療的ケア児が健康で安全に学校生活を送るためには，医療的ケア児の成長発達を見据えた日々の健康状態の把握はもちろん，リスクマネジメントの視点からも医療的ケア実施状況等の必要な情報を，就学時から関係者・関係機関と共有し，学校内外との連絡調整が円滑に実施できる支援体制を構築することが大変重要である[6]。特に，医療的ケア児の健康管理のためには，教育と医療との連携に基づく新たな医療的ケア児支援システムが重要であり，その中における養護教諭と医療的ケア看護職員との有機的な連携は必須である。

3.1.4項以降，就学時から進級時・卒業時における医療的ケア児の切れ目のない継続した支援に向け，移行期における環境整備や医療的ケア看護職員等関係者との連絡調整を含めた健康管理のための養護教諭の役割について説明する。

3.1.4　就学時

障害のある児童生徒の就学先については，本人・保護者の意見を可能な限り尊重し，教育的ニーズと必要な支援について合意形成を行うことが原則とされ，障害の状態や必要となる支援の内容，教育学等の専門的見地といった総合的な観点を踏まえ，市町村教育委員会が決定している[7]。

令和3（2021）年の報告[8]によれば，障害のある児童生徒の教育支援に関する基本的な考え方は，インクルーシブ教育システムの構築を目指すとともに，障害児の自立と社会参加を見据え，児童生徒一人一人の教育的ニーズに最も的確に応える指導の提供のため，連続性のある多様な学びの場の一層の充実・整備などを着実に推進することである。そのため，就学に関する新し

い支援の方向性として，児童生徒一人一人の障害の状態や教育的ニーズ等，本人及び保護者の意見，また教育学，医学，心理学などの専門的見地に基づく意見，さらに学校や地域の状況等を踏まえた総合的な観点を持ち，就学先を判断することが明記されている。

（1）就学前の保護者面談と情報提供

　医療的ケア児及びその保護者は，市町村教育委員会が就学先決定までに行う準備段階，検討段階の2段階を通じて，情報収集や保護者面談，学区の学校見学，体験入学などを行う（図3.1）。文部科学省は，この教育の場の決定には，早期からの教育相談・支援と丁寧な合意形成のプロセスが必要であるとしており[9]，保護者は就学前の早期から準備を開始することとなる。

　養護教諭は，勤務校に在籍している全児童生徒の健康管理を担っているため，学校見学に来る保護者等に対して，当該学校の保健管理等の学校保健活動の現状，環境整備の状況や実際の受け入れ体制の準備状況等について，相談を受ける窓口の役割を果たしていく必要がある。

　特別支援学校の場合，すでに在籍している児童生徒の状況を踏まえ，1日の教育活動状況や医療的ケア体制の詳細について，その場での情報提供が可能であることも多く，保護者自身も，実際の状況をイメージすることが容易となる可能性が高い。養護教諭は，保護者の気持ちや障害の程度，必要とされる医療的ケアの内容を確認しながら，実際に特別支援学校で活用している指示書などの書類を提示して丁寧に説明を行うことが重要である。一方で，特別支援学校ではない通常の学校では，医療的ケア児の受け入れ自体が未経験であることや，そもそも自治体が初めて通常の学校で医療的ケア児を受け入れるという場合もある。そのため，通常の学校に勤務する養護教諭は，日頃から近隣の特別支援学校と連携をとり，医療的ケア児を受け入れるための学校保健管理体制など，必要な情報等を事前に収集しておくことが大切である。現在，医療的ケア児の受け入れ状況は，自治体によって異なるため，積極的に研修会などに参加し近隣の自治体の動向や状況を確認していくことも必要である。

　就学先が決定し，受け入れ校となった場合，医療的ケア児が就学する前

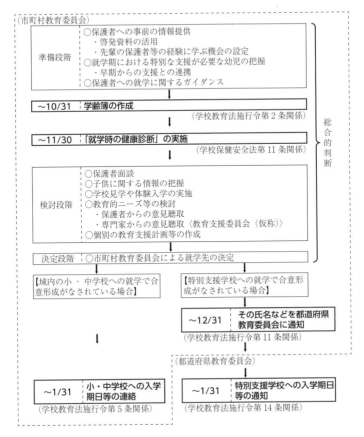

▌図 3.1 ▌
障害児の就学先決定のモデルプロセス
出典）文部科学省[7]

に，障害の程度や医療的ケアの内容，主治医からの指示内容や実施方法，緊
急時の連絡体制等[10]，学校生活上に必要な情報を確認しておく必要がある
（表 3.1）。医療的ケアの実施においては，就学前からソフト面・ハード面と
もに体制を整えておくことが重要であり，管理職や教務主任，学級担任，養
護教諭，特別支援教育コーディネーター，医療的ケア看護職員等をはじめと
した教職員全体で医療的ケアの実施に関する共通理解を十分に図っていく必
要がある。

▌表 3.1 ▌
就学前の面談内容（一例）

- 疾患・障害名
- 現病歴や治療状況・検査状況・手術歴，アレルギーの有無など
- 通院・往診状況，主治医
- 現在使用している薬剤
- 健康診断や発達状況など（身長や体重，眼・耳の機能，拘縮の有無）
- 日常生活の状況や疾患・障害の現状（主な過ごし方，日中の覚醒時間，夜間の
  睡眠時間，食事の方法や内容，移送方法，着替えの方法，排泄の状況，など）
- 必要な医療的ケアや処置
- 主治医からの指示書内容の確認
- 緊急時の対応及び緊急連絡先
- 通学方法
- 疾患や障害に対する子ども自身の理解度や子ども自身の思い
- 周りの児童生徒に対する周知の方法・保護者の希望
- 学校で活用する記録（健康チェックカード）等の提示や活用方法の説明
- その他

　自治体単位で管轄する学校に共通する重要事項は，医療的ケアガイドライン等を用い共通理解を促している教育委員会も多いが，医療的ケアの実施については個々の状態に応じた個別性を重視し，その安全性を考慮しながら行っていくのが現状である。そのため，受け入れ校においては，「医療的ケア実施要項」の作成や「医療的ケア安全委員会」等（自治体によって呼び名は異なる）を立ち上げ，学校単位での共通理解を図ることとなる。

　養護教諭は，管理職，教務主任，保健主事等と相談をしながら就学前に保護者が来校する保護者説明会のタイミングなどを利用したり，別途面談日を設定したりしながら，医療的ケアに関する情報を保護者から丁寧に収集する場を設けていく役割を担う。この面談においては管理職，教務主任，医療的ケア看護職員などのキーパーソンと共に実施し，面談内容について学校医に報告をしていくことが重要である。また保護者の同意の下，医療的ケア児の主治医の訪問を医療的ケア看護職員と共に行い，主治医から医療的ケアの実際について指示を仰ぐこともある。面談後の医療的ケア実施要項の作成においては専門的立場から意見を出し，個々の医療的ケア児の状態により適した体制づくりを推進していくことも大切である。

(2) 環境整備

　就学先の決定に当たっては，児童生徒が就学先となる学校で十分な教育を受けられる環境が確保されていることが必要である。障害者差別解消法第5条では，次のように定められている。

　　　行政機関等及び事業者は，社会的障壁の除去の実施についての必要かつ合理的な配慮を的確に行うため，自ら設置する施設の構造の改善及び設備の整備，関係職員に対する研修その他の必要な環境の整備に努めなければならない。

　さらに令和3（2021）年4月には，「高齢者，障害者等の移動等の円滑化の促進に関する法律（バリアフリー法）」の改正法の施行等により，一定規模以上の新築等を行う場合にバリアフリー基準適合義務の対象となる施設に，従来対象だった特別支援学校のみならず，公立小中学校等も追加されている。

　肢体不自由のある児童生徒が多く通学している特別支援学校においては，エレベーターなど環境のバリアフリー化は比較的整っていることが多いものの，通常の学校の場合には，これらの環境面で受け入れが困難となることもある。

　受け入れ先となった学校は，合理的配慮の充実に向けた基礎的な環境整備が不可欠であり，養護教諭は，医療的ケア児の状況に応じた基礎的環境が整っているか，環境整備の修繕や改修が必要であるか等について事前に評価し，必要時，保健主事や分掌（保健部等）の教員と共に管理職に状況の報告，申し入れをしていくことが重要である。例えば，バギーや車いす移動のためのエレベーターやスロープ，多目的トイレの有無やそれらの広さの確保がなされているか，また着替えや排泄ケア実施のためのケアルーム（自治体によっては休憩室と呼ぶ場合もある）やリクライニング機能のあるベッドの必要性，緊急時に備えた携帯電話やタブレット端末等を活用した連絡体制システムの有無，導入の必要性といった項目が挙げられる。さらには，体温調節中枢に問題がある児童生徒に関しては，学校環境衛生基準で規定されてい

る「教室等の温度」のみでは体温維持が困難な場合もあり，校内全体の空調管理システムが必要となることもある。令和2（2020）年からは，厚生労働省による医療的ケア児等医療情報共有システム（medical emergency information share; MEIS）の本格運用が開始されており[11]，保護者がこのシステムを希望するか等の確認も必要である。このように，児童生徒の障害の程度や状況に合わせて，多角的な視点から環境を評価し，体制を構築していく必要がある。

　養護教諭は，学校保健専門職として専門的立場から環境整備についての意見を発し，個々の児童生徒の状態に合わせた学びやすい環境になるようインクルーシブ教育システムの構築に向けた基礎的環境整備の充実を図っていく必要がある。

　さらに医療的ケア児の就学に向けては，感染症予防対策も重要である。医療的ケア児の多くは，様々な理由で免疫力が低下しやすい状況にあり，感染症は決して軽視してはならない疾患である。そのため，学校においてはスタンダードプリコーション（標準予防策）の理念の下，児童生徒の健康状態を早期に把握できるような連絡体制整備，手洗いの徹底や設備等の消毒，食事・排泄に関わる衛生管理などの体制を評価し，医療的ケア児の受け入れに向け，必要な改善を図ることが重要である。感染症に対する教職員の知識や意識レベル，医療的ケア看護職員との申し送り方法や内容，健康観察の方法や報告体制，保護者との連絡体制などを確認し，就学前には，受け入れ予定である医療的ケア児の特徴や疾患の状況とともに正しい感染予防方法や留意点等について教職員に伝える研修会を講じることも環境整備の1つである。

　そしてなにより，医療的ケア看護職員との連携体制の構築も重要である。学校で医療的ケアを行う場合には，医療的ケア児の状態に応じて医療的ケア看護職員等の適切な配置を行うとともに，医療的ケア看護職員等を中心に教員等が連携協力して特定行為に当たることとされている[12]。児童生徒の状態に応じ，必ずしも医療的ケア看護職員等が直接特定行為を行う必要がない場合であっても，医療的ケア看護職員等による定期的な巡回や医師等といつでも相談できる体制を整備するなど医療安全を確保するための十分な措置を講じることとされ，令和3（2021）年には学校教育法施行規則第65条の2に

おいて医療的ケア看護職員が位置づけられている。一方で，病院とは異なり，学校では限られた医療器具しかないことや常駐する医師がいないことによる医療的ケア看護職員の心理的負担など，医療的ケア看護職員自身が直面する課題も明らかになっている[6]。医療的ケア児の教育活動は，医療的ケアが円滑に実施されることにより促され，教育活動が促進されることで，医療的ケア児の人格の完成や心身の成長発達を最大限に促すことにつながっていく[10]。そのためには，医療的ケア看護職員と教員それぞれが専門性を生かし互いに援助し合える体制整備が重要である（第5章の図5.1も参照）。

　養護教諭は，医療的ケア看護職員と教員をつなぐコーディネーターとして，各学校における医療的ケア看護職員の役割を明確化するとともに，医療的ケア看護職員が意見交換や相談できる体制や，「チーム学校」の一員として教職員とのコミュニケーションが促される場を設けるなどといった，協働し合える体制づくりの構築を行っていくことも重要である。

3.1.5　進級時

　進級を控えた毎年度末，学校は保護者との面談を実施し，医療的ケア実施に関する書類（主治医からの指示書等）の確認や差し替えを行うとともに，1年間の学校生活状況の振り返り，保護者の思い（心配な事項等）や学校に求める要望などについて確認をする必要がある。

　障害や健康状態等は変化し得るものであり，医療的ケア児の学びの場は，就学時に決定した学校に固定されるものではない。それぞれの発達や疾患の状況や程度，適応の状況等を勘案しながら，通常の学校から特別支援学校，または特別支援学校から通常の学校といった形で双方向の転学等が可能である。医療的ケア児の状況に応じて適切な教育を行うためには，就学時のみならず，就学後も引き続き健康相談や教育相談は定期的に実施される必要がある。特に進級時は，個別の教育支援計画に基づいた関係者間での会議を開き，学校内の体制整備，支援目標，教育上の合理的配慮を含む必要な支援内容，医療的ケア実施要項の評価等を実施し，必要に応じてこれらの見直しを行うとともに，学校や学びの場を柔軟に変更できるような対応が適当である。

　そのため，会議や保護者面談，旧学年の学級担任から新学年の学級担任への引き継ぎなどの場において，これまでの日々の健康観察の記録などの確認を行うとともに，必要時指示書の修正依頼，保健室が管理・入手している児童生徒の情報，保健管理情報を提供し次年度に向けた体制の検討を行うことが重要である。

　これらの移行期におけるスムーズな対応のためにも，養護教諭は，保健管理の側面から，児童生徒の状況について保護者や学級担任，医療的ケア看護職員から情報を収集し，医師や外部医療機関からの報告などをもとに，日頃から児童生徒の状態をアセスメントしていくことが必要である。さらには，日々の学校生活の中で保護者の希望や悩み等を相談できる場の1つとして保健室を開放しておくことも大切である。

3.1.6　卒業時

　いくつかの移行期の中でも，就学移行期（小学校や特別支援学校小学部から中学校や特別支援学校中学部に引き継がれる時期）における教育支援の在り方は特に重要な移行期の1つであると言われている[8]。その理由には，本人及び保護者の期待と不安が大きいこと，就学移行期は児童生徒の成長の節目と対応していること，児童生徒一人一人の教育的ニーズに応じた適切な学校や学びの場を検討する必要があることなどが挙げられている[8]。移行期においては，新たな支援機関等にこれまで実施してきた医療的ケア体制の確実な引き継ぎが大切である。卒業時の引き継ぎ内容の一例を表 3.2 に挙げる。

　教育における個別の教育支援計画や，福祉におけるサービスの利用計画，事業所の個別支援計画には，統合型校務支援システム等の ICT を活用し，一体的に情報提供・共有をすることが重要とされており，医療的ケア実施に関する情報についても同様である。

　養護教諭は，新たな教育支援機関の窓口となる養護教諭に対し，情報共有を行う必要がある。在籍学校にて実施してきた医療的ケア体制について，基礎的環境整備の状況や，「障害者差別解消法」に基づく合理的配慮の状況，またはその経過，定期的な保護者との面談等によって得られた重要な健康情報，在籍中の児童生徒の成長発育の状態や疾患の症状の変化，またそれに合

▍表 3.2 ▍
卒業時の引き継ぎ内容（一例）

- 疾患・障害名
- 現病歴や治療状況・検査状況・手術歴，アレルギーの有無等
- 通院・往診状況，主治医
- 現在使用している薬剤
- 健康診断や発達状況等（身長や体重，眼・耳の機能，拘縮の有無）
- 日常生活の ADL の状況や疾患・障害の現状（主な過ごし方，コミュニケーションの状況，日中の覚醒時間，夜間の睡眠時間，食事の方法や内容，移送方法，着替えの方法，排泄の状況等）
- 必要な医療的ケアや処置内容（変化してきた内容を含む）
- 主治医からの指示書内容
- 緊急時の対応及び緊急連絡先等を含む在籍校の安全管理体制
- 通学方法
- 在籍校における体制（環境整備，対応窓口，留意点，ヒヤリハットの有無等）
- 保護者面談の内容（子どもや保護者のニーズ等）
- 合理的配慮の内容（授業時の工夫，健康診断の際の実施方法等を含む）
- その他

わせた主治医の指示内容の変化など医学等の専門的見地も含めたこれまでの医療的ケア児の学校生活状況等について，保健管理の立場から引き継ぎを行うことが重要である。

3.2　特別支援学校での養護教諭による医療的ケア児への支援

3.2.1　健康観察と養護教諭の活動の実際

（1）特別支援学校における健康観察

　養護教諭は，児童生徒の全体像をみて，学校での学習活動を始められるか，あるいは続けられるかという視点で健康観察を行う。その中の１つとして，医療的ケアが普段通りに進められるか否かの確認が含まれる。医療的ケアは，呼吸障害や摂食障害等を持つ児童生徒のニーズであり，特別支援学校で養護教諭が行う健康観察においては，医療的ケアを必要としない児童生徒と特別な違いはない。しかし，医療的ケア児は，もともと生命維持機能に問題を抱えている場合が多く，わずかな体調の崩れから急に生命の危険にさらされる状態に陥る場合がある。そのことを念頭に置き，健康観察と日常の記

53

録を大切にする必要がある。この節では，特別支援学校で実際に行われている健康観察を例として取り上げながら，そのポイントや留意点について説明していくこととする。

(2) 登校時の観察のポイント

　登校時の観察は，学校での学習が下校まで続けられるかどうかという視点で行う。朝の動きの一例を表3.3に示す。

　観察のポイントと留意点は以下の通りである。

①顔色・表情・活気・機嫌・力の入り具合・声の出方・触ったときの温度感などを通して，普段と同じか，どこか様子に違いがないかを目や耳，触った感じ等で確認する。その際には，主観的な評価であるため担当教職員，養護教諭，医療的ケア看護職員で互いの見立てに違いがないかの

▌ 表3.3 ▌
朝の動きの一例

	養護教諭	医療的ケア看護職員
8：30	・勤務開始 ・職員朝礼	
8：45	・欠席・遅刻・早退の確認（理由は情報として重要）	・勤務開始 ・個人看護記録より本日担当する児童生徒の情報収集
8：55	・保健室にてラジオ体操を行い保健室メンバーがお互いの体調を確認	
9：00 （登校）	・健康観察と連絡帳からの情報収集 ・室温・湿度等部屋の環境を確認 ・適切な服装になるよう声掛け	・医療的ケア看護職員（主任）より申し送り（30分程度）
9：30		・健康観察と連絡帳からの情報収集 ・人工呼吸器の設定，酸素流量，酸素ボンベ残量，気管切開部カニューレ固定確認等医療的ケアのチェック
10：00	・午前中の水分摂取終了をめどに養護教諭・医療的ケア看護職員は保健室に集まり，お互いが得た情報の共有 ※養護教諭・医療的ケア看護職員が一度に全員集まることは難しく，主幹養護教諭・医療的ケア看護職員（主任）が取りまとめ，情報の取次をすることもある。 ※情報共有を急ぐ場合は校舎内携帯電話を活用する。	

情報を交換することが必要になる。

②バイタルサインのチェックによって客観的に評価する。誰が評価して
も，正確に普段と比べることができる。体温・呼吸・脈拍・血圧・酸素
飽和濃度は，季節や一日の変化など平時の様子を記録する。特に体温
は，体温調節中枢の働きが十分ではない医療的ケア児が多く，うつ熱
（こもり熱）の場合もあるため，服装や室温なども併せて判断していく。

③医療的ケアに関する以下のチェックは医療的ケア看護職員が主体的に行
う。

- 人工呼吸器の設定・気管カニューレの固定確認
- 酸素の流量・酸素ボンベ残量
- 経鼻チューブの固定，胃ろう・腸ろう部周辺の様子

(3) 連絡帳からの情報収集

登校後できるだけ早く連絡帳に目を通し，前日下校してからの様子を知
る。また，医療的ケアの時間や内容の変更の有無等を確認する。

その際，連絡帳に書いてある情報以上に，内容を深く読み取ることができ
る担当教職員の話を聞くことも重要である。

また，送迎をしている保護者からは，直接様子を聞くことができるため，
登下校に合わせてエントランスホールまで出向き，情報収集を行うこともあ
る。連絡帳の一例を表3.4に示す。

連絡帳の確認のポイントは以下の通りである。

①家庭での様子

- 体温の変化
- 呼吸の状態，吸引の様子（痰の量・色・性状）
- 排尿（自尿・導尿，尿量・回数・性状）
- 排便（自然排便・浣腸・摘便，量・回数・性状）
- 睡眠の様子
- 食事の様子，経管栄養であればその様子（胃残の量・性状，空気の飲
み込み）
- てんかん発作の様子

▌表3.4▌
連絡帳の一例

<u>　11</u> 月 <u>24</u> 日　<u>木</u> 曜日　天気：<u>くもり</u>

	朝の健康チェック	家庭での様子・学校への連絡
家庭からの連絡	• 睡眠　　　23：25〜5：30 • 排尿・便 　☑　あり（☑　大　　☑　小） 　□　なし • 朝食（食事内容） 　☑　エンシュア注入 200 ml 　□　なし • 朝の体温　　36.5 ℃ 　□　良好 　☑　普通 　□　変化あり 　備考 　　起床時にガス抜きをしました	月曜日コロナの予防接種をしてから調子が悪く，火曜日カロナールを使いました。 水曜日からは解熱していましたが，体調がイマイチだったようでほぼ一日寝ていました。 夜は父とお風呂に入り，頭を洗ってもらいスッキリしていました。 便もたっぷり出ています。 今日の給食は，うすめ 130＋さゆ 30 でお願いします。

- 機嫌や緊張の入り方
- 下校後や週末の活動量など

②医療的ケアの確認（時間や内容の変更等）
③緊急連絡先の変更の有無，家族の健康状態を含めた情報等

(4) 昼の観察のポイント

　昼の観察は，主として昼食を安全に実施できるかの視点が重要である。

　食事は，生命維持のための重要な活動の1つであるが，医療的ケア児にとってはアクシデントが起こりやすい時間帯でもある。担当教職員・養護教諭・医療的ケア看護職員のそれぞれが，医療的ケア児の様子をよく観察し情報を共有して進めていく必要がある。昼の動きの一例を表3.5に示す。

　観察のポイントと留意点は以下の通りである。

①午前中の活動の様子，水分摂取（経管注入も含む）に問題はなかったか。

②自己排痰でしっかり分泌物が出せているか。食事前に吸引の必要はないか。

▌表3.5 ▌
昼の動きの一例

	養護教諭	医療的ケア看護職員
11：45	・給食摂食や経管栄養が始められる状態か確認 ・摂食の姿勢・食形態等の確認	・経管栄養が始められる状態か確認 ・必要であれば吸引等実施
12：00	・摂食・経管栄養中の様子を観察 ・経口摂取と経管栄養を併用している場合は，口の動き，分泌物の量，むせの様子等から担当教職員・養護教諭・医療的ケア看護職員で相談し，経管栄養に切り替える（場合によっては保護者に連絡） ・経管栄養に問題があり，医療的ケア看護職員から連絡を受けた場合は，医師の指示書，医療的ケア手順書を確認し，必要であれば保護者に連絡	・経鼻注入は，チューブが確実に入っているか，注入開始前に担当教職員と一緒に確認 ・胃残の確認を行った担当教職員から，空気の量や胃残の量・性状の報告を受け，問題があれば養護教諭に連絡 ・経管栄養終了の確認

※保護者連絡は，基本的に担当教職員から行う

③お腹の張りはないか。お腹の動きはよいか。

④排尿・排便の様子は普段と変わりないか。

(5) 下校前の観察

　下校前の観察は，安全に下校できる健康状態であるかどうかという視点で行う。スクールバス内では吸引等の医療的ケアやてんかん発作時の緊急薬の使用は，対応が困難である場合が多い。そのため，バスに乗る医療的ケア児は，特に注意を払う必要がある。下校前の動きの一例を表3.6に示す。

　観察のポイントと留意点は以下の通りである。

①発熱はないか（37.5℃以上はバス乗車不可，うつ熱（こもり熱）との区別が必要である）

②呼吸状態は安定しているか（バス乗車中は吸引不可，酸素飽和濃度や脈拍等から総合的に判断することが必要である）

(6) 医療的ケア看護職員との情報共有

　医療的ケア児の健康管理を行う上で，医療的ケア看護職員と情報共有を行

▌ 表 3.6 ▌
下校前の動きの一例

	養護教諭	医療的ケア看護職員
14：45	• スクールバスやタクシーに乗車できる状態か確認	• スクールバスやタクシーに乗車できる状態か確認 • 必要であれば吸引実施 • 家庭へ持ち帰る一日の医療的ケア実施記録の内容を確認
15：00	• エントランスホールで児童生徒の顔を見ながら，送り出す	• 人工呼吸器の設定，酸素流量・酸素ボンベ残量，気管切開部カニューレ固定確認等医療的ケアのチェック
下校後	保健室にて看護記録をもとに情報交換し，ヒヤリハット等があれば共有する	

うことは最重要課題の1つである。情報共有はその内容によって，手段とタイミングを変える必要がある。日中の情報共有の様子については，表3.3，表3.5，表3.6に紹介した通りである。

　壁面ホワイトボード（図3.2）では以下のような情報共有を行う。

①医療的ケア看護職員担当（部屋割り）表

②児童生徒別医療的ケアタイムテーブル

③主治医訪問や医療的ケア看護職員の出張等記入

④医療的ケア看護職員月毎勤務表

⑤下校タクシー医療的ケア看護職員添乗予定表

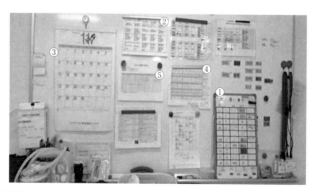

▌ 図 3.2 ▌
壁面ホワイトボードでの情報共有

▌ 表 3.7 ▐
児童生徒別医療的ケアタイムテーブル

名前	9	10	11	12	13	14	15	その他
A		~~水分~~		~~流動~~				鼻腔吸入
B					吸入			
C		~~水分~~		~~導尿~~			水分	気管切開部吸入
D		~~水分~~					水分	ガーゼ・首ひも交換

　ラミネート加工した医療的ケアタイムテーブル（表 3.7）は，医療的ケアが終わればマーカーで消している。保健室のメンバー誰もが随時確認する習慣をつけ，実施時間を過ぎてもチェックが入っていなければ，気づいたときに声をかけて確認をしている。

　養護教諭は，健康観察のため教室に出向く際には，医療的ケア実施記録を確認し，気づいたことがあれば担当教職員や医療的ケア看護職員に伝える。

　医療的ケア実施記録（表 3.8）は，医療的ケア実施者が記録し，下校時に連絡帳に挟んで家庭に持ち帰り，保護者が毎日確認する。また，月末には，

▌ 表 3.8 ▐
医療的ケア実施記録の一例

令和 4 年度	5 月				高等部	3 年		R.K	
日（曜日）	実施時刻	吸引箇所	量	色	粘度	注入物注入量	所要時間	特記事項	実施者
26 日（水）	12:40	□気切 ☑鼻 □口	＋＋	1	ヤ	流動食 200cc 牛乳 50cc	30 分	生食吸入	K
26 日（水）	14:05	□気切 ☑鼻 □口	＋＋	1	ヤ		分		E
26 日（水）	14:30	□気切 □鼻 □口				ソリタ 200cc	10 分		F

痰の量　なし：－，少量：＋，中等量＋＋，多量：＋＋＋，溜まっているが取れず：×
痰の色　透明～白：1，やや黄色：2，黄色：3，緑：4，血濁など：5
粘り気　サラサラ：サ，やや粘り有：ヤ，強い粘り：ネ

▌ 表 3.9 ▌
看護記録の一例

令和　4　年度		10　月　　24　日　（　月　）	
VS	測定時間	登校時	下校時
	体温（℃）	36.5	36.1
	脈拍（回／分）	145 〜 131	116 〜 106
	SpO$_2$（%）		
観察項目	痰の量	☑少量　　　☑中等量	□多量
	痰の色	☑透明〜白　□やや黄色	□黄色
	痰の症状	□サラサラ　□やや粘調	☑粘調
□経鼻	水分	10 時　　　分	○（Air　5　　残　　　　）
・		14 時 50 分	○（Air　　　残　　　　　）
☑胃ろう		時　　　分	○（Air　　　残　　　　　）
□腸ろう	昼食	12 時　　　分	○（Air　10　残　8　　　）　流動 300 ＋さゆ 50
処置		生食吸入　14:30	
記録		登校時 SpO$_2$ 92 〜 88% 朝から HR も高く 140 台 文化祭の練習時は人工呼吸器装着，出番が終わると人工呼吸器を外しても HR 100 前後で落ち着く	
記入者		A	

　管理職・養護教諭・医療的ケア看護職員が確認し，個人フォルダに綴じて卒業後 5 年間保存する。看護記録（表 3.9）は，医療的ケア看護職員が記入し，主に下校後の情報交換や翌日の情報伝達に使用する。その後は，保健室にある個人フォルダに綴じて卒業後 5 年間保管する。

　ヒヤリハット・アクシデント報告は，事故防止委員会が作成しているシートに入力し，毎月行われる医療的ケア検討委員会で報告する。

3.2.2　緊急時の対応

　緊急時の対応は，医療的ケアの有無にかかわらず，保健室のスタッフ（養護教諭と医療的ケア看護職員）として初動を行う。

　医療的ケアは保護者が医師より指導を受けて家庭で行っている行為であり，緊急時の対応とは分けて考える必要がある。しかし，普段から医療的ケ

アとして人工呼吸器の管理や酸素投与，気管切開部及び口鼻腔の吸引等を行っている場合には，医療的ケア看護職員が主体的に医療的ケア児の救命処置を担当し，養護教諭は救急要請や家庭連絡といった対応を担うことが多い。

(1) 年度当初から養護教諭が準備すべき事項

以下の5つの観点から準備しておくとよい。

①緊急時の体制を整え，教職員に周知する。図3.3のように，1枚にまとめたものがあるとよい。心肺蘇生法のスキルトレーニングや緊急事例を想定した訓練を行う。

②保健調査票から，緊急連絡先・緊急時の救急対応・緊急時の搬送先・主治医等の確認をする（変更のたびに確認）。

③緊急薬の使用やけいれん発作時すぐに救急搬送を行う等の特別な対応がある場合は一覧にして電話の横に用意しておく。使用する緊急薬は，保護者の依頼書及び医師の指示書とともに預かる。

④医療的ケアについては，医師の指示書・医療的ケアの手順書・緊急時の対応を医療的ケア看護職員と共に確認する。

⑤救急カートの内容を医療的ケア看護職員と相談し，準備する。災害時の持ち出しについても併せて準備する。

(2) 緊急時の養護教諭の役割

一例として，基本的な流れを紹介する。

①保健室で連絡を受ける。第一に，緊急連絡であることを保健室内のスタッフ（養護教諭・医療的ケア看護職員）に伝え，電話の内容を復唱し，同時に保健室内のスタッフ全員が情報共有できるようにする。

②現場に向かう。緊急対応を必要としている医療的ケア児の様子を実際に観察し，管理職への報告とともに，管理職と救急車要請の有無を判断する。

③緊急対応を確認する。保健調査票・緊急薬指示書・医ケア指示書から，緊急薬の指示や救急搬送の基準等の緊急対応を確認する。

61

校 内 緊 急 対 応 マ ニ ュ ア ル

⚠緊急事態発生⚠

HELP 大声で助けを呼ぶ
時間の確認
記録の確認

救命措置・心肺蘇生
AED

職員室へ 888
① 「緊急です」
② 「学部，部門，学年，名前」
③ 「どのような状態」

保健室へ 999
① 「緊急です」
② 「学部，部門，学年，名前」
③ 「どのような状態」

学部長へ
ピッチor口頭
① 「緊急です」
② 「学年，名前」
③ 「どのような状態」

管理職
学校携帯を持って
現場に向かう

学校携帯で 119
① 「救急です」
② 「〇〇支援学校です
住所は〇〇〇〇です」
③ 「いつ，だれが，
どのような状態か」
④ 「通報者の名前
学校携帯の番号」

家庭連絡

1
①児童生徒の様子を伝える
②救急車を要請したことを伝える
③搬送先病院の希望を聞く
※かかりつけ病院を希望の場合は，
保護者が病院に受け入れ確認をしていただく
④次の電話を待つよう指示

2
①搬送先病院を伝える
または
かかりつけ病院の受け入れ可否を確認
②搬送先病院に来ていただくよう伝える

▌ 図 3.3 ▌
校内緊急対応マニュアルの一例

④保護者連絡を行う。担当教職員が行う場合は説明内容を助言する。連絡や確認をすべき事項は，緊急対応を必要としている医療的ケア児の状態，救急搬送も含めて今後の対応の相談，保護者への依頼事項確認（主治医への搬送に関しては保護者が依頼）等である。

⑤救急処置を行う。救急カート，緊急薬を用意し，医師の指示書に応じて使用する。医療的ケアがある場合は医療的ケア看護職員の救急処置の補助を行う。なお，養護教諭が緊急時に医療的ケアを直接実施することは少ないが，準備物や手順を把握しておくことで，的確に補助を実施できる。

⑥救急隊への引き継ぎを行う。医療的ケア児の全体像，今回の状況・経過・救急対応・搬送希望先等を伝える。

(3) 事例の紹介

ここで事例を紹介する。Aは肢体不自由部門の中学部 2 年（13 歳）の女児で，異染性白質ジストロフィーの診断を受けていた。医療的ケアとして，人工呼吸器管理，気管切開部及び口鼻腔吸引，胃ろうより経管栄養（水分・食事・薬注入）を行っていた。

●緊急対応について医師の指示書で事前に取り決めていること

緊急対応として，人工呼吸器装着，酸素 1 リットルより開始し，下記の状況に合わせて酸素量を増やす。

①酸素飽和濃度 85 ％以下が 1 分間以上続く，もしくは脈拍 140 回/分以上が続く場合。

②肩呼吸で，口の動きがハフハフする形になっている場合。

③顔色が白く，だんだんと土色になっている場合。

●緊急対応になった場合の初動について具体的に訓練していること

①担当教職員が「緊急です。SpO_2 が今○○％です」と叫んだ後，本人対応（呼吸が楽になる姿勢保持等できる範囲の対応を行う）。

②全体指示を出すものを瞬時に決める（クラス世話係・学年世話係等）。

③指示者の下，保健室・職員室・学部長連絡と他児童生徒の見守りに分かれる。

●本事例の緊急対応の経過例

①発生時　　音楽室で中学部15名が授業を行っているときに，顔色不良（土色）・口唇色不良となる。酸素飽和濃度は77％，脈拍は149回/分であった。担当教職員はまず，近くにいた医療的ケア看護職員Bに声をかけた。

②発生3分後　　医療的ケア看護職員Bが人工呼吸器装着，酸素1リットルで開始，医療的ケア看護職員Cに校舎内携帯電話で連絡する。酸素飽和濃度は70〜80％，脈拍は140回/分台であった。中学部学部長が全体指示を出し，その後連絡対応を担当する。授業は中断し，学年ごとに音楽室から教室に戻る。同じクラスの担当教職員1名が記録を開始する。

③発生5分後　　学部長より各所に連絡。養護教諭Dは保健室から最初に音楽室に向かう。養護教諭Eは保健調査票・緊急時医師指示書を持ち出す。保健室に待機していた医療的ケア看護職員Fも向かう。管理職（教頭）が学校携帯電話を持って音楽室に向かう。

④発生7分後　　養護教諭Dは保護者に現場から電話で経過報告，現在のAの様子を伝える。担当教職員は姿勢の保持を行い，医療的ケア看護職員3名で気管切部・口鼻腔吸引を繰り返す。酸素2リットルに変更するが，酸素飽和濃度は80％台　脈拍140回/分台経過で改善せず。

⑤発生8分後　　管理職と養護教諭，医療的ケア看護職員で相談の上，救急車要請と判断し，保護者に伝える。管理職が119番通報を行う。担当教職員・養護教諭Eは救急車に添乗する準備をする。養護教諭Dは保護者に主治医在籍病院への受け入れ連絡を依頼する。通報から10分後に救急隊が到着し，養護教諭Eは経過を救急隊に報告する。搬送先の希望と，保護者から搬送先には連絡済みであることを伝える。

　今回の事例では，本人の楽な姿勢保持に一番適している介助者が担当教職員であったため，保護者連絡は養護教諭から行うことになった。

3.3　通常の学校での養護教諭による医療的ケア児への支援

　令和3（2021）年の医療的ケア児支援法の成立により，医療的ケア児が特別支援学校ではなく，居住地域の通常の学校に通うケースがさらに増加すると予想される。しかし，医療的ケア児といっても，個々の状況には大きな違いがある。例えば，①糖尿病のインスリン注射や慢性腎不全で腹膜透析を行っている児童生徒，②二分脊椎により排泄機能障害があり導尿が必要な児童生徒，③脳性麻痺や脊髄性筋萎縮症等により呼吸や嚥下機能に障害があり吸引や経管栄養などが必要な児童生徒では，求められる支援は一律ではなく，またその疾患の重症度によっても必要な支援内容は多様である。疾患に起因する特別な観察事項や配慮事項は言うまでもない。医療的ケア児といっても肢体不自由や知的障害の有無，言語によるコミュニケーションの可否もそれぞれ状況が異なり，必要な医療的ケアの時間が決まっている児童生徒と，不定期なケアが必要な児童生徒など，個々の状態によっても求められる配慮や支援内容は様々である。

　一方で，受け入れる側の学校の規模や体制によっても，養護教諭が実施可能な支援の内容は異なる。養護教諭が1人配置か複数配置かによっても提供できる支援は異なってくると考えられる。また，医療的ケア児の在籍数によっても，養護教諭の支援や，学校でできる配慮も変わってくるであろう。

　とはいえ，医療的ケア児への配慮は，次の2つのパターンに大別できると考えられる。すなわち，生涯を通じて他者からの支援を必要とし，健康管理を他者に委ねる必要がある場合と，医療的ケアを含む健康管理を将来的に本人が自己管理できる場合である。

　医療的ケア児の個々の疾患に起因する具体的な健康管理の内容や配慮事項については，医学・看護学等の専門書に譲ることとし，ここでは，通常の学校で医療的ケア児を受け入れた場合，養護教諭が提供できると考えられる支援の概要を述べる。同時に，医療的ケア児の状態を前述の2パターンに分けたケースを想定して，支援の一例を紹介する。

3.3.1　健康観察

中央教育審議会答申[13]では，次のように述べられている。

> 健康観察は，学級担任，養護教諭などが子どもの体調不良や欠席・遅刻などの日常的な心身の健康状態を把握することにより，感染症や心の健康課題などの心身の変化について早期発見・早期対応を図るために行われるものである。

　児童生徒の健康状態を把握するために，日常の健康観察が重要であることは言うまでもない。個々の児童生徒の健康観察は，養護教諭はもちろんのこと，普段授業等で児童生徒と接する機会の多い学級担任の果たす役割も大きいと言える。しかし，医療的ケア児の場合，通常の健康観察以外に，障害や医療的ケアの内容により，後述するような，特に注意して観察しなければならない項目があり，学級担任の観察だけでは不十分な場合がある。

　登校時間帯，養護教諭は校門の前や保健室の前で児童生徒の登校時の様子から健康状態を観察していることが多い。医療的ケア児については，1日の学校生活の途中で，体調が急変することも考えられるため，登校時の健康状態を入念に確認しておく必要がある。そのため，児童生徒の障害の程度や疾患の状況により，場合によっては校門での健康観察だけではなく，毎朝，登校直後に保健室に立ち寄ってもらい，前日や登校前の家庭での様子を確認し，登校時の体調についてもバイタルサイン等を確認して記録しておくことが望ましい。特に，常時吸引が必要な児童生徒や人工呼吸器を装着しているような児童生徒の場合，呼吸状態の悪化や急変に備え，朝の呼吸状態や，バイタルサインを含む全身状態の観察・確認は重要である。通常の学校では，このような児童生徒には医療的ケア看護職員や保護者が付き添っていることがほとんどで，日常の医療的ケアに関する健康観察は，主に医療的ケアを実施する医療的ケア看護職員や保護者が担っている。しかし，緊急時は医療的ケア看護職員だけでなく，養護教諭も保護者も共に対応することが求められる。そのため，児童生徒の平常時の状態を把握しておくことは，体調の変化を早期に見極めるためにも重要である。喀痰吸引が必要な児童生徒のいつも

の呼吸の様子（呼吸数や深さ，痰の貯留の状況，喘鳴の有無など），気管切開をしている場合はカニューレ挿入部の皮膚の状態など，養護教諭も一緒に医療的ケア児の総合的な体調把握に努める。また，下校前にも保健室に立ち寄ってもらい，その日の体調や医療的ケアの様子など，医療的ケア看護職員や保護者と情報交換し，共通理解しておくことが望ましい。

　なお，対象の児童生徒が特別支援学級に在籍している場合は，特別支援学級の学級担任が，医療的ケア看護職員や保護者と共に学校での生活の支援や医療的ケアの補助を担うことがある。その場合は学級担任からの情報収集も重要であり，定期的に児童生徒の体調や医療的ケアの状況などの情報共有の時間を設ける必要がある。

　一方，導尿やインスリン注射など，自己管理をしていたり，決められた時間にケアを実施している医療的ケア児の場合は，医療的ケアを必要としない児童生徒と同様に登校時に校門で様子を観察したり，朝の会やショートホームルームなどで学級担任が健康観察を実施し，いつもと違った様子が見られた場合，学級担任等から保健室に行くように促すという方法でも対応可能と思われる。ただし，インスリン注射や導尿などの医療的ケアを自己管理している場合であっても，医療的ケア看護職員や保護者が時間帯ごとに決められた医療的ケアを実施した際の前後の体調などは，できるだけ養護教諭も把握することが望ましい。可能であれば，保健室や隣接するケアルームで医療的ケアを実施してもらい，ケアの前後の体調やケア中の児童生徒の様子など，養護教諭も必要に応じて状況を観察できるようにしておくとよい。

　小学校高学年や中学生などで，自己管理がほぼ確立しているような児童生徒の場合は，医療的ケアの実施場所を含め，状況に応じて医療的ケアの管理は本人に任せ，養護教諭は定期的に本人や保護者と情報を共有するなど，自立を促していく関わりが望ましい。

3.3.2　健康診断

　学校保健では，健康診断は「保健管理」の中の重要な項目の１つである。重度の障害がある児童生徒や，医療的ケア児の場合，集団での健康診断を受けることが難しく，「測定不能」とされ学校での健康診断を受けていない

ケースがある。また，心疾患や糖尿病，腎不全などといった内科的な慢性疾患がある児童生徒は，定期的に医療機関を受診していることも多い。内科検診や心電図検査，尿検査などについては，「どうせ異常（所見あり）という結果が出るから」という理由で，保護者が学校の定期健康診断を積極的に受けさせないケースもある。しかしながら，健康診断は学校保健安全法第13条で実施が義務づけられている。障害の有無にかかわらず，可能な限り他の児童生徒と同じように健康診断が受けられるよう学校側が配慮や工夫をしていくことが望ましい。本人や保護者の意向をしっかりと聴き，健康診断の意義や目的を伝え，納得できるように丁寧な説明を行い，健康診断を受けられるような関わりが必要である。学校での健康診断を受けない場合でも，学校として対象の児童生徒の健康状態を把握しておくことは不可欠であり，かかりつけの医療機関での検査結果や，受診結果について保護者から報告を受けることができるよう医療的ケア看護職員や学級担任との情報共有を心がけるべきである。

(1) 健康診断当日までの準備・配慮

　肢体不自由があり，車いすやストレッチャーなどを利用している児童生徒の場合，会場のスペースの関係で，他の児童生徒と同じ場所で健康診断を受けることが難しい場合がある。また，同じ場所で健康診断が可能な場合でも，移動のためのスペースが必要で，他の児童生徒と同じ列に並んで順番を待つことが難しい場合もある。そのようなときはあらかじめ学校医に了承を得て，全体の健康診断が始まる前，もしくは最後に少し時間を長めに確保し，診察してもらうように調整するといった配慮が必要である。また，その際は車いすやストレッチャーに乗ったまま診察ができるように，コルセットや補装具などを使用している場合は，必要に応じてそれらを外し，更衣を済ませておく，姿勢や体の向きを整えておくなど，検診のための事前の準備をしておくことも必要である。

　人工呼吸器や酸素濃縮機器などの医療機器を使用し，移動に時間を要する児童生徒の場合には，保健室や会場に移動するのではなく，その児童生徒が過ごす教室に学校医が移動し，健康診断を実施することも視野に入れて計画

を立てることも必要である。その場合は，事前に学校医に相談し，許可を得ておくことが望ましい。なお，歯科検診や耳鼻科検診など，正確に診断をするため十分な明るさが必要な検診の場合には，補助のライトなどの準備をする必要がある。

　医療的ケアが必要で，重度の知的障害や発達障害を併せ持つ児童生徒の場合，障害特性や発達特性に応じて，個別に健康診断についての説明を実施することも必要である。健康診断の様子や会場について，絵や写真などの視覚的支援教材を用いて説明したり，事前に養護教諭や学級担任と一緒に練習したりするなどの心理的準備を行い，当日の健康診断を円滑に行えるような支援が必要である。詳しい方法については，特別支援教育の専門書を参照してほしい。

(2) 健康診断当日の配慮

　歯科検診や耳鼻科検診などでは，器具を使用して実施するため，知的障害や発達障害のある児童生徒の場合，嫌がって不用意に体を動かして器具でケガをしてしまうことや，パニックを起こしてしまって健康診断自体が行えないこともある。安全に実施するために，健康診断実施中に顔や体を固定するなどの介助が必要になることも考えられる。児童生徒の特性から起こり得る危険性を想定し，養護教諭，学級担任，保護者，医療的ケア看護職員など，その児童生徒をよく知るキーパーソンが付き添い，状況に応じて介助に入るなどの体制を整えておくことが必要である。感覚が過敏な児童生徒の場合，器具を人肌に温めたり，事前に触らせたりすることで，不安や緊張が和らぎ，穏やかに検診を受けられる場合もあるため，心理的準備は重要である。

　また，呼吸器疾患のある児童生徒で気管カニューレが留置されていたり，鼻腔に経管栄養のチューブなどの留置物が挿入されていたりする場合，検診時に誤ってカニューレやチューブが抜けてしまわないよう十分に注意しながら検診を進めていくことも必要である。

(3) 健康診断後の配慮

　健康診断の結果の作成では，一般的に専用のソフトウェアを使用し，既存

の選択項目から結果を選んで入力することも多い。しかし，障害や基礎疾患がある場合は，既存の選択項目にはない結果が出ることもあり，通常の様式が使用できないことがある。その場合，別途，手書きで結果を記入したり，注釈をつけたりなど，カスタマイズした用紙を使用することも考慮していく。参考までに，「視力検査結果のお知らせ」の一例を図 3.4 に示す。

　学校での健康診断の結果は，学校保健安全法施行規則第 9 条により，21日以内に児童生徒と保護者に通知しなければならないと規定されている。健康診断の結果，治療が必要な異常所見が見つかると，治療勧告書を出すことになるが，重度の障害児で摂食機能に障害があるなどといった場合には，障害に起因する歯並びの異常や，内服薬の副作用による歯肉の炎症などが所見として見られ，治療勧告書を持ち帰っても，実際に治療が難しいこともある。また，心臓疾患のある児童生徒の心電図検診や，糖尿病・腎疾患のある児童生徒の尿検査など，基礎疾患がある場合には前述したように，異常が出ることがすでに明らかなこともある。障害等のため治療が難しいにもかかわらず，このような児童生徒や保護者の中には，「学校から治療勧告書をもらったら，治療をしなければいけない」と考え，負担に感じるケースがある。

　また，もともとの基礎疾患で異常があるのは分かっているのに，学校の健康診断で「異常あり」という通知を受け取ることに苦痛を感じているケースもある。養護教諭はこのようなケースを想定し，通常通りに治療勧告書を渡すのではなく，結果の通知の際に，①「障害（基礎疾患）に起因する異常のため，学校での健康診断結果についての対応は主治医と相談してください」や，②「学校での健康診断の結果としてお知らせいたしますが，障害（基礎疾患）に起因する異常の場合，必ずしも治療をお勧めするものではありません」（歯の治療などの場合）などのような注釈をつけたり，連絡帳や口頭で説明を加えたりするといった配慮が必要である。

3.3.3　校外学習，宿泊行事等での配慮

　ここでは，医療的ケア児が校外学習や宿泊行事に参加する場合，配慮が必要となる事柄について述べていく。

令和●年　●月　●日

●年　名前
保　護　者　様

〇〇市立〇〇〇学校
校長　〇〇　〇〇

視力検査結果のお知らせ

今回行いました視力検査の結果は、下記のとおりです。
　視力検査には実際の視力だけではなく、検査の方法の理解、興味、検査時の心身の調子等、様々な要因が関係しています。したがいまして、学校での検査はあくまでもスクリーニングのためのものとして日頃の様子などとあわせて視力の参考にしていただければと思います。
　定期健診などで眼科を受診することがあれば、結果を保健室にもお知らせください。

【検査結果】

〇条件　眼鏡なし　眼鏡あり

	右　眼	左　眼	両　眼	備　考
結　果				

□絵あわせ（🐕🐱🐦🐟）　　□数字あわせ（1234）　　□ランドルト環（〇〇C）　　□その他

【　参　考　】

学校の視力検査結果	気　を　つ　け　る　こ　と
A：1.0以上	学業に差し支えはありません。良い視力を保つために、毎日の生活に気をつけましょう。しかし、遠視、乱視があると目が疲れやすくなります。
B：0.9〜0.7	今のところ学業に差し支えはありません。しかし、黒板の字が見えにくい場合もあります。
C：0.6〜0.3	座席によって黒板の字が見えにくいこともあり、学業に差し支えが生じます。
D：0.2以下	一番前の席からでも、黒板の字が見えにくいために学業に差し支えがでたり、体が疲れる原因にもなります。

・良い視力を保つことは大切です。よくつまずく、反応が遅い、まわりをよく見ていない、階段の昇降をこわがる、テレビを間近で見るなどは、視力が低下している場合も考えられます。事故の防止や学習活動をより広げて楽しい生活が送れますように、少しでも視力を良い方向に調整してあげてください。
・眼科医を受診されましたら、受診報告書を学校までご提出ください。
・視力の良い人はこれからも目を大切にしてください。

▌図 3.4 ▌
視力検査結果のお知らせの一例

　まず行き先について，重症度によっては，児童生徒の自宅から遠く離れた場所への移動が困難で，行事への参加が難しい場合もある。可能であれば，医療的ケア児も参加しやすい場所を選択すべきであると考える。しかし，学校は集団生活の場であり，医療的ケアの必要がない児童生徒が大半の通常の学校では，医療的ケア児を中心に行き先を選択することは困難な場合がほとんどであろう。また，行事のプログラム内容についても同様に，できるだけ医療的ケア児も参加でき，他の児童生徒と同様に活動できる内容が望ましい。しかし，これについても全てにおいて配慮することは難しいと思われる。

　そのため可能な限り配慮した上で，行き先とプログラムの概要が決まれば，保護者と主治医に行事への参加について，意向を確認する。この段階で，主治医から参加の許可が出なかった場合は，行事への参加は望めない。主治医から参加の許可が出た場合も，全行程の参加が可能な場合と，内容によっては部分的な参加や条件つきの参加が認められる場合もある。

　保護者の意向と主治医の指示が確認できれば，養護教諭と学級担任を中心に保護者との面談を実施し，各プログラムの参加の仕方について詳細を相談する。可能であれば，計画の段階で養護教諭も下見に同行し，現地の状況を確認した上で具体的な支援について学級担任，医療的ケア看護職員と共に考えていくことが望ましい。

　通常の学校で医療的ケア児が校外学習や宿泊行事に参加する際は，医療的ケアを実施する医療的ケア看護職員や保護者等の付き添いがある場合がほとんどである。どの時間帯に誰が付き添うのかについて，事前に保護者と相談しておく必要がある。また，医療的ケア看護職員や保護者など医療的ケアを実施する者が付き添いを外れる時間帯がある場合，その際の医療的ケアをどうするのか，緊急対応が必要になった際の連絡方法や連絡先，緊急搬送先などについても，あらかじめ保護者や主治医と相談しておく。経管栄養やインスリン注射，導尿など，決められた時間に医療的ケアを実施する児童生徒のみの場合には，医療的ケア看護職員や保護者は医療的ケアの実施が必要な時間帯だけ合流するという方法もある。その場合は，合流場所や医療的ケアの実施場所と時間の調整などについて事前に相談しておく。

　また，宿泊行事で遠方に行く場合は，参加の可否の相談以外にも，事前に保護者や主治医と，学級担任や養護教諭，管理職などの学校関係者が面談を実施し，緊急時の対応や受診医療機関について相談し，緊急対応用の指示書や医療ケア必要物品の準備についても進めておくことが望ましい。医療的ケア児の場合は，どこの医療機関でも受け入れることができるとは限らないため，事前に現地の医療機関を調べ，緊急時の受け入れが可能かどうかの確認をしておくことが大切である。また，腹膜透析用の機器や，酸素濃縮機器など，当日持ち運ぶことが難しい医療機器を使用している場合は，事前にレンタル機器の手配や配送方法等について相談しておく必要がある。医療機器の配送の可否を保護者・主治医から業者に確認してもらうなど，手配のための調整についても養護教諭が気にかけて声をかけるとよい。

3.3.4　喀痰吸引・経管栄養が必要な重度心身障害のある児童生徒への支援

　喀痰吸引や経管栄養が必要で，重度心身障害を併せ持つ児童生徒の場合は，先に述べた「生涯を通じて他者からの支援を必要とするパターン」に当てはまる。医療的ケアは常時必要であり，通常の学校では医療的ケア看護職員や保護者の常時付き添いを条件として，通学を認めているケースがほとんどである。そのため，当該児童生徒の対応は付き添いの医療的ケア看護職員や保護者に任せきりになってしまうことがあるかもしれない。しかし，養護教諭は勤務する学校に在籍する全ての児童生徒の健康管理を担う立場である。直接的な医療的ケアは担当していなくても，その児童生徒の健康状態や，どのようなケアが行われているかなどの情報を把握し管理していく必要がある。登校時や下校時など，時間を決めて児童生徒の状態を把握し，連絡ノートなどを用いてその日の体調や医療的ケアの様子について，医療的ケア看護職員や保護者との情報共有に努めることが重要である。

　入学前に保護者と面談を実施し，受け入れ準備について相談する際，ケアの実施場所をどうするかについても事前に決めておく。多くは児童生徒の状態や，学校の施設設備の状況に合わせて決めることとなるが，差し支えなければ，保健室や保健室に近い場所にケアルームを設置すると，養護教諭もケアの様子を見に行きやすく，状況が把握しやすい。

　医療的ケア看護職員や保護者とはできれば1日1回以上は，情報交換をする機会を持ち，本人の体調だけでなく，学校生活での困りごとなどについても確認し，可能な限り調整を行う。また，学級担任とも適宜情報交換を行い，学級担任や学校の立場としての困りごとや問題点なども把握する。状況に応じて医療的ケア看護職員や保護者にその状況を伝えたり，問題解決のための介入を行ったりする。主治医や学校医との相談が必要な場合は，日程の調整や場所の設定などを養護教諭が行うとよい。

　学校は教育の場であるため，たとえ重い障害があったとしても，その子なりの教育目標を達成するために通学しているという認識をもち，養護教諭にもその児童生徒の「個別の指導計画」の内容を踏まえた教育的関わりが求められる。「個別の指導計画」は，児童生徒一人一人の障害に応じたきめ細かな指導を行うため，指導目標や指導内容，方法などを具体的に表した指導計画で，学級担任を中心に校内委員会などの組織で作成する。養護教諭もそのときに情報提供し，作成に参加することが望ましい。また，個別の指導計画とともに，乳幼児期から学校卒業後まで一貫した教育的支援を行うために入学前から関係機関で作成されている「個別の教育支援計画」にも目を通し，関係機関との連携を図ることが望ましい。健康診断やその他の保健行事，学校行事の際，当該児童生徒は特別な配慮を要するため，必要な配慮について学級担任や養護教諭が保護者から希望を聞き，各担当者間で学校での対応について相談したり，共通理解を促すための調整を図ったりするのも養護教諭の役割である。

　重度心身障害のある児童生徒は，長時間，車いすやストレッチャーに乗っていることが多い。しかし，長時間の同一体位は，褥瘡や，筋肉や関節の拘縮を誘発し，痰の排出もしにくくなるといった，体調の悪化につながりやすい。本人からの訴えがほとんどなかったとしても，適度に車いすやストレッチャーから降ろして姿勢を変え，皮膚をマッサージしたり，関節を動かしたりすることが必要である。これらのケアについても，付き添いの医療的ケア看護職員や保護者，学級担任などが行うことが多いが，養護教諭も，姿勢を変えたり，車いすから降ろしたりするための声かけを行ったり，車いすから降ろすための場所を提供したりといった支援が可能である。

経管栄養や吸引に使用する物品類や吸引機などの機器は通常は保護者が準備するが，保護者の希望があればカテーテルや消毒薬などの予備の物品を保健室で預かるといったことにも協力することが望ましい。

このような重度心身障害児のほとんどは，自分の意思を言葉や行動で示すことが困難である。しかし，よく観察していると，「嫌なことを我慢しているときは脈拍が早くなる」「リラックスしているときはわずかに眉が下がる」など，その子なりのサインを出していることが少なくない。バイタルサインや表情などをよく観察し，医療的ケア看護職員や保護者，学級担任をはじめとした，その児童生徒をよく知るキーパーソンの間で情報を共有していく中で，しだいに児童生徒の発する小さなサインを読み取ることが可能になる。どんなに重い障害があり，意思の疎通が難しい児童生徒であっても，養護教諭として児童生徒の尊厳を守り，本人の意思を確認し，気持ちに寄り添う対応を決して忘れてはいけない。また，意思確認や気持ちを理解することが困難な状況であっても，「この子の思いを理解しよう」という気持ちを持ち続けて関わり続けることが大切である。

3.3.5　導尿・インスリン注射が必要な児童生徒への支援

導尿やインスリン注射が必要な児童生徒の場合，知的に重い障害がある児童生徒や肢体不自由で自分で医療的ケアを実施するのが困難な児童生徒と，将来的に自分で導尿やインスリン注射が可能になると考えられる児童生徒では，関わり方が異なってくる。前者の場合は，3.3.4 項の支援例に準じて，保護者や医療的ケアを実施する医療的ケア看護職員と連携しながら，必要な支援を提供していく。

普段から医療的ケア看護職員や保護者が付き添っている場合は，校内での日常的な健康観察や健康管理は付き添いの医療的ケア看護職員や保護者，特別支援学級に在籍している場合は，特別支援学級の学級担任が中心となる。養護教諭は，医療的ケアの実施者である医療的ケア看護職員や保護者のサポート的な役割が主になると思われる。しかし，この場合も児童生徒の健康状態や医療的ケアの実施の様子など，普段から医療的ケア看護職員や保護者と情報を共有し，緊急時には養護教諭として責任を持ち，医療的ケア看護職

員や保護者と一緒に対応に当たる必要があることを心に留めておきたい。

　一方，将来的に自分で導尿やインスリン注射が可能になると考えられる児童生徒の場合，医療的ケアを実施する時間以外の学校生活の時間帯は，医療的ケアを必要としない児童生徒と同様の学校生活を送っている。導尿もインスリン注射も，基本的には決められた時間帯に実施するため，保護者や医療的ケア看護職員の医療的ケアの時間帯以外は付き添っていないことが多い。したがって，普段の健康管理については，医療的ケアを必要としない児童生徒と同様の関わりとなる。加えて，健康面で疾患から影響を受ける症状にも気を配り，健康観察は丁寧に行うことが必要である。医療的ケアを医療的ケア看護職員や保護者が実施している場合は，医療的ケア実施前後のアセスメントのため，医療的ケア看護職員や保護者が不在の間の児童生徒の健康状態について情報提供し，医療的ケア実施時の状態など，医療的ケア看護職員や保護者と情報共有をして児童生徒の状態の把握に努めていく。状況が許せば，医療的ケア実施時の様子も直接観察できるとよい。また，教育的観点から，将来的に本人が導尿やインスリン注射を自身で実施できるよう，ケア技術の習得と自己管理に向けても，医療的ケア看護職員や保護者と共に計画的にサポートしていく必要がある。自立に向けての支援については，学級担任にも積極的に関わってもらえるよう情報提供や声をかけるなどの働きかけを行うことが望ましい。

　すでに自己管理をしている児童生徒の場合は，医療的ケア看護職員も保護者も付き添っていないため，特に養護教諭や学級担任の丁寧な健康観察などの健康管理が求められる。何年間も自己導尿や自己注射を実施していて自己管理に慣れている場合は，本人から体調不良の訴えや医療的ケアに関する相談などがあった場合の対応が主になると思われるが，小学生の間など，まだ自己管理に慣れていない間は，医療的ケアの手順の確認のためケアの様子を観察したり，実施後に本人から状態を報告してもらったりするなど，本人に任せきりにしないことが重要である。短期目標と長期目標を見据え，児童生徒が自己管理に慣れてくるに従い，少しずつ関わる時間を減らすなど，自立に向けた移行支援を行うことが望ましい。また，自己管理をすでにしている児童生徒であっても，受診結果や，薬の量・医療的ケアの方法などが変更に

なった場合などには，保護者から情報提供してもらうことをあらかじめ伝え
ておき，特に問題がない場合でも，年に1回，年度始めには学校での健康管
理について保護者に確認する機会を設けることが望ましい。

3.4　災害時の対応について

　世界全体に占める日本の災害発生割合は，マグニチュード6以上の地震回
数20.8%，活火山数7.0%，死者数0.4%，災害被害額18.3%など，世界の
0.25%の国土面積に比して，非常に高くなっている[14]。加えて，地球規模の
気候変動も相まって未曾有の災害も多く発生している。こうした発災状況の
中で，医療的ケア児を含む障害者の被災を見てみると，例えば東日本大震災
での宮城県の死亡率では，全死亡者数が人口比0.4%であるのに対し，障害
者の死亡者数が1.7%となっている[15]。ここでは，災害発生の恐れがある場
合に，養護教諭が医療的ケア児の命や安全を守る対応をどのように行うか，
また，他職種や他機関との連携をどう進めていくか等について考えたい。

3.4.1　リスクマネジメント

　日頃から災害に対応したきめ細かい危機管理マニュアルを作成しておく。
その作成においては，「学校の危機管理マニュアル作成の手引き[16]」が参考
になる。この手引きでは，危機管理マニュアル作成において，伝達方法の整
備，避難経路・避難体制の整備，避難訓練，連携が留意点として述べられて
いる。そのように準備をしていても発災時に陥りやすい支障として，情報の
理解や意思表示，危険回避行動など混乱が予想される。養護教諭は，医療的
ケア児の特性に応じた発災時の初動について日頃からシミュレーションして
おく。また，教職員の救急救命処置能力を高めることがいざというときの備
えになる。養護教諭は保健室経営計画の重点目標として，安全に対する意識
を高める指導や救急体制の充実を図ることが求められる。さらに，学校が避
難所になる場合の保健室の役割や運営をどうするかを，日頃から想定し訓練
しておきたい。

(1) インクルーシブ防災

　「天災は忘れた頃にやってくる」という戒めがあるが，地震，津波，洪水，土砂災害，高潮などの災害が起こることを想定して日頃から研修や防災訓練をしておくことで準備をしておきたい。医療的ケア児に関わっていない教職員に対しても，医療的ケアの基礎知識に関する校内研修を実施することで教職員全体の相互理解が深まる。養護教諭には，日頃から誰一人取り残さないインクルーシブ防災を念頭に，医療，保健，福祉，労働等の関係機関等との適切な連携を考える広い視野が必要である。インクルーシブ防災とは医療的ケア児を含むあらゆる人の命を支えようという防災の考え方である。2015 年に行われた国連防災世界会議のパブリックフォーラム[17]では，「障害者の視点からのコミュニティ全体で備える防災まちづくりへの提言」というパネルディスカッションが開催された。

(2) 個別避難支援計画

　医療的ケア安全委員会の中で，危機管理への対応を含む個別マニュアルとして個別避難支援計画を作成しておく。その中でハザードマップでの災害リスクの把握，避難所と避難経路，緊急避難入院先，備蓄計画（電源確保，医療材料・医薬品の備蓄）などを作成し，もしものときに備えておく。その上で，医療的ケア児を含めた当事者で避難訓練を行うことが大切である。避難所や福祉避難所，一時滞在施設等は，自治体の防災マップ等で確認できる。個別避難支援計画の作成に当たっては，災害発生前からの時系列的な行動計画であるマイタイムライン[18]を作成するとよい。いざというときに慌てることがないよう，医療的ケア児一人一人について家族・教職員が避難に備えた行動をあらかじめ決めておくことが大切である。養護教諭はその際，学校全体の動きも考慮したい。また，学校が避難所になっていることもある。いざというときの想像力を働かせながら，日頃からの準備を進めたい。

　相羽ら[19]は避難訓練の実施と課題について，医療的ケア児は避難方法の個別性が高く，避難時の持ち出し品も多いことから，平常時からの準備，教育委員会・介護福祉課・危機管理課等の関係機関との連携，自主防災組織や避難支援者の協力が必要であることを指摘している。実際，医療的ケア児は，

個別対応の物品が多く，特に医薬品などは症状に応じて変わるため，養護教諭は，保護者が用意する持ち物について医療的ケア看護職員と協力して日常的に点検することが大切である。さらに，体温調節機能が十分でない場合も考慮して，避難先の環境には特に気を配りたい。避難するときに何を持っていくか，人工呼吸器が必要な場合は電源がどこにあるか，スペースは確保できるか，誰が何を担当するか，トイレはどうするか等，実際に避難訓練を行うと問題を可視化できる。避難場所については，災害時において福祉避難所への直接避難を円滑に行えるよう，日頃から指定福祉避難所に協力を要請しておく。避難所の運営等については，学校と社会福祉協議会や自主防災組織等で協議し，医療的ケア児のニーズに応じた地域での避難体制（福祉避難所など）を把握しておくことが必要である。また，リアルタイムに災害情報を入手できるように注意しておく。医療的ケア児の支援委員会は，学校内外の多職種とのチームアプローチが必要となる。養護教諭は，医療的ケア看護職員が中心になって行う医療的ケアについて救急対応や環境整備等，児童生徒の命を守る対応におけるコーディネーション能力が求められる。

　表3.10は，災害時に備えたい物品例について，一般と医療的ケア別に示したものである[20]。人工呼吸器を装着している医療的ケア児は，停電への対応としてアンビューバッグとともに電源確保として蓄電池や自家発電機などを準備しておきたい。また，喀痰吸引をしている医療的ケア児も，停電時の対応として外部電源を考えておくとともに，手動式の吸引機や足踏み式の吸引機などの電気を使用しない吸引機も準備しておく。また，経管栄養の医療的ケア児も予備の経管栄養セットを備えておく。食品については，非常食になりそうな食料をストックしておき，食べたら買い足すという「消費しながら備蓄していく」ローリングストックの考え方を取り入れたい。とりあえず，非常時の3日間を乗り切れるような分量は備蓄したい。医療的ケア児は，体力の蓄えが少ない場合が多いので，水分やエネルギーが普段通りに確保できるかを特に留意したい。

▌ 表3.10 ▌
災害時に備えたい物品例

【一般】
- 非常食品：飲料水，缶詰，栄養補助食品
- 応急医薬品：絆創膏，ガーゼ，三角巾，体温計，消毒薬，胃腸薬，鎮痛薬，解熱剤，目薬
- 感染症対策：マスク，石鹸，消毒液，ビニール袋，タオル，スリッパ，ビニール手袋，ティッシュペーパー，ウェットティッシュ
- 生活用品：毛布，寝袋，ドライシャンプー，トイレットペーパー，やかん，鍋，バケツ，ポリ容器
- その他：ラップフィルム，使い捨てカイロ，ビニールシート，新聞紙，ガムテープ，笛，ロープ，懐中電灯，ブルーシート，携帯ラジオ，充電器，LEDランタン

【医療的ケア別に備えたい物品】
- 人工呼吸器：アンビューバッグ
- 気管切開：気管カニューレ（予備）
- 喀痰吸引：手動・足踏み吸引器，吸引セット（予備）
- 経管栄養：経管栄養セット（予備）
- 酸素：携帯用酸素ボンベ
- 医療材料等：ガーゼ，アルコール綿，使い捨て手袋，蒸留水，注射器
- 非常用電源：外部バッテリー，延長コード，シガーソケット対応インバータ，ポータブル蓄電池など

3.4.2　クライシスマネジメント

　発災直後の学校現場では状況が混乱し，対応をスムーズに行うことが難しい。日頃から想定される災害に応じた危機管理マニュアルに基づいて冷静に行動することが重要である。養護教諭の初動対応は，医療的ケア児の安否確認と応急処置である。

　新潟県中越大震災の報告書[21]では，災害発生直後の養護教諭のチェック項目として，①児童生徒の安否確認，②心身の健康状態の確認，③避難所設営及び運営協力，の３つを挙げている。養護教諭は日頃から，医療的ケア児の健康観察結果を読み解き，保健管理や個別の健康相談に役立てている。心身の健康状態の確認においては健康観察のチェックシートを参考にし，作成しているものを使用する。また，医療的ケア看護職員や保護者が行う健康観察も，医療的ケア児の心身の状況を把握する上で大切であるので，情報共有しておくと役立つ。

(1) ライフライン

　医療的ケア児の災害時避難における課題について，長谷川ら[22]は，①ライフライン（特に電源）の確保の支援，②発災時の福祉避難所の早期開設，③移送手段の確保や受け入れ体制についての行政と医療機関の平常時からの連携を挙げている。災害時個別避難計画についての定期的な見直しや避難訓練の実施，個別避難計画が個別性，実用性のある計画となるよう，家族や関係機関と共有することの必要性を述べている。医療的ケア児が，地震や風水害等の自然災害があっても，できる限り普段通りの生活を送れるように，身近な地域での災害支援体制づくりを進めたい。そのためには，日頃からの顔が見えるつながりづくりが大事である。住民一人一人が自ら行う防災活動や自主防災組織など多様な主体が自発的に行う防災活動を促進し，学校防災と地域防災の積極的な関わりを工夫することが必要である。養護教諭は，医療的ケア看護職員や学級担任と協力して災害時においても医療的ケア児ができる限り日常の教育活動を進めていけるよう支援していきたい。

　「避難情報に関するガイドライン[23]」では，住民は「自らの命は自らが守る」意識を持ち，気象庁等から発表される5段階の警戒レベルと防災気象情報を用いて，医療的ケア児の場合は高齢者等の避難が必要とされる警戒レベル3に相当する防災気象情報が発表された際には，避難指示等が発令されていなくてもキキクル（危険度分布）や河川の水位情報等を用いて学校関係者自らが避難の判断をすることが大切であると述べている。避難に当たっては，あらかじめ指定された避難場所へ向かうことにこだわらず，学校の立地条件等を勘案し，川や崖から少しでも離れた，近くの頑丈な建物の上層階に避難するなど，学校独自の判断でその時点で最善の安全確保行動をとることが重要である。その場合，医療材料や医療器具，非常食等の準備や備蓄について，あらかじめ学校側，保護者，主治医との間で協議しておくとよい。

　人工呼吸器等の医療機器を使用する医療的ケア児の場合には，電源の確保や日頃からの点検を行うとともに，停電時の対応を保護者と学校関係者で事前に確認しておく必要がある。医療的ケア児で，人工呼吸器や吸引器などを日常的に使っている場合，避難するときにはそれらの医療機器も持ち運ばなければならない。また，頻繁に医療的ケアを行う必要があるなら，援助者は

医療的ケア児のそばを片時も離れることができない。災害の種類や程度，状況によって，避難方法や場所は変わる。避難する場合は，通常の避難に必要な手持ちの物品のほかに医療機器や小型バッテリー，栄養や薬を注入するボトルやチューブ，吸引用カテーテル，感染予防を考慮した消毒液やマスクなどの衛生用品を準備し，持ち出せるようにしておかなければならない。

　このような災害に対して養護教諭はどう動くのか，何ができるのか。災害の備えとして，自分自身や家族で備える「自助」，近隣や地域の人々が助け合う「共助」，行政や公的機関が行う防災対策・支援の「公助」の３つがある。ただし，「公助」を待つことなく，自助や共助の力を高めたい。養護教諭は，医療的ケア児の側に立ち，学校の中で何ができるか，どのような役割が果たせるかを考えたい。

（2）感染症等

　発災地では感染症の流行が心配されるため，養護教諭は，医療的ケア児の健康管理には医療的ケア看護職員と協力して予防対策を進めたい。特に，①マスク着用，②3密（密閉，密集，密接）回避，③手指消毒，④互いの距離の確保等の新しい生活様式を実践する。避難所では，飛沫感染や空気感染によって感染症が拡大する恐れがあるため，自分がかからない対策と，他人にうつさない対策を行う。

　食事面では，特に夏では暑いところに放置された食事や加熱が不十分な食材を食べることは控えたり，食事の前の手洗いやアルコール手指消毒を行うなどの注意が必要である。トイレの使用後には，手洗い・消毒も心がける。タオルの貸し借りは避ける。尿・糞便処理時には，手指消毒と適切な個人防護具を着用する。飲食以外はマスクを着用し，飲食のときも黙食を心がけることで感染症予防をしたい。

　また，避難所では，狭い空間で長時間，下肢を動かさずにいると深部静脈血栓が生じ，その一部が血流に乗って肺の血管を閉塞し呼吸不全になる，いわゆるエコノミークラス症候群（economy-class syndrome; ECS）の危険性が増す。そのため，養護教諭は，足首や膝の運動をときどき行って脚の血流を保つことや，脱水を防ぐためにこまめに水分をとることを広報したい。

(3) 災害時の心の健康

　医療的ケア児は災害を体験したことにより，そのときと同じ恐怖心，喪失感，不安感などを持ちやすくなる。被災後もこれらの症状が続くことを，急性ストレス障害（acute stress disorder; ASD）という。一般的にこのような症状が体験後１カ月経っても続き，生活の妨げになっている場合を心的外傷後ストレス障害（post-traumatic stress disorder; PTSD）と呼ぶ。PTSDの代表的な症状[24]は，①侵入症状＝再体験症状，②回避・麻痺症状，③認知と気分の陰性変化，④過覚醒症状，の４つである。外傷後何年も経ってから発症することもある。その出来事を体験することがトラウマである。

　養護教諭は，発災時から長期にわたって支援・経過観察をし，「いつもと違う」という気づきで医療的ケア児のサインを見逃さないようにしたい。慢性化したPTSDではトラウマ記憶の一部が「回避」によって思い出されず，記憶が断片化し，記憶の全体を整理することができなくなる。そのために過去のことだと実感することができず，不安や恐怖が悪化したり，必要以上に自分を責めたり，人間不信になったりする。これを整理して，「トラウマ記憶は過去のことであり，思い出しても今の自分が被害を受けるわけではない」と実感してもらうことが大事である。養護教諭の支援は長期にわたることもあるため，一人で抱え込まず，仲間を増やすことや専門家につなぐことも大切である。

　表3.11は，災害時の対応で養護教諭として留意したいことについてまとめたものである。医療的ケア児の災害の備えをどのようにするか，また，災

▌表3.11▌
災害時の対応で養護教諭として留意したいこと

①医療的ケア児の安否確認，健康状態の確認
②応急手当（救急救命手当）
③緊急持ち出し品の持ち出し（医療的ケア看護職員との連携支援）
④医療機器の稼働の確認（医療的ケア看護職員との連携支援）
⑤緊急避難場所への避難（指定避難所，福祉避難所），地域防災との連携
⑥ライフライン（水，電気，通信，輸送など）の確保，外部電源準備
⑦家族や関係者への安否連絡
⑧災害時の心の健康

害が起こってしまったときの対応をどうするかを常に考えておくことが最大の防災対策になる。

　養護教諭は，災害時にあっても医療的ケア児の教育保障ができるよう日頃から先を見据えた行動をとっていきたい。また，養護教諭に大事な視点として，学校から避難する児童生徒と共に，学校に避難してきた児童生徒の中にも医療的ケア児が存在している可能性があるということにも気づける目が必要である。

引用文献

1）中央教育審議会　（2015）　チームとしての学校の在り方と今後の改善方策について（答申）. 平成 27 年 12 月 21 日.
　　https://www.mext.go.jp/b_menu/shingi/chukyo/chukyo0/toushin/__icsFiles/afieldfile/2016/02/05/1365657_00.pdf（確認日：2023/5/24）
2）学校における医療的ケアの実施に関する検討会議　（2019）　最終まとめ. 平成 31 年 2 月 28 日.
　　https://www.mext.go.jp/a_menu/shotou/tokubetu/material/__icsFiles/afieldfile/2019/03/22/1413967-002.pdf（確認日：2023/5/24）
3）保健体育審議会　（1997）　生涯にわたる心身の健康の保持増進のための今後の健康に関する教育及びスポーツの振興の在り方について（答申，抜粋）. 平成 9 年 9 月 22 日.
　　https://www.mext.go.jp/b_menu/shingi/chousa/sports/004/toushin/010701j.htm（確認日：2023/5/14）
4）中央教育審議会　（2008）　子どもの心身の健康を守り，安全・安心を確保するために学校全体としての取組を進めるための方策について（答申）. 平成 20 年 1 月 17 日.
　　https://www.mext.go.jp/b_menu/shingi/chukyo/chukyo5/08012506/001.pdf（確認日：2023/5/14）
5）学校における医療的ケアの実施に関する検討会議　（2019）　最終まとめ. 平成 31 年 2 月 28 日.
　　https://www.mext.go.jp/a_menu/shotou/tokubetu/material/__icsFiles/afieldfile/2019/03/22/1413967-002.pdf（確認日：2023/5/14）
6）飯野順子　（2007）　養護教諭のための特別支援教育ハンドブック. 広研印刷.
7）文部科学省　（n.d.）　5. 障害のある子供の就学先決定について（就学事務 Q & A）.
　　https://www.mext.go.jp/a_menu/shotou/shugaku/detail/1422234.htm（確認日：2023/3/14）
8）文部科学省／初等中等教育局特別支援教育課　（2021）　障害のある子供の教育支援の手引—子供たち一人一人の教育的ニーズを踏まえた学びの充実に向けて—.
　　https://www.mext.go.jp/a_menu/shotou/tokubetu/material/1340250_00001.htm（確認日：2023/3/14）
9）文部科学省　（2019）　令和元年度学校における医療的ケアに関する看護師研修会（令和元年 12 月 26 日）. 資料 1.【行政説明】学校における医療的ケアの現状と学校に勤務する看護師の役割について.
　　https://www.mext.go.jp/content/20200610-mxt_tokubetu02-000007673_01.pdf（確認日：2023/3/14）

10) 日本訪問看護財団 （2020） 学校における医療的ケア実施対応マニュアル—看護師用—. （文部科学省 令和元年度 学校における医療的ケア実施体制構築事業）
https://www.jvnf.or.jp/home/wp-content/uploads/2020/07/caremanual1-1.pdf （確認日：2023/3/14）

11) 文部科学省／初等中等教育局特別支援教育課 （2020） 「医療的ケア児等医療情報共有システム（MEIS）」の活用について（事務連絡）. 令和 2 年 8 月 7 日.
https://www.mext.go.jp/content/20200911-mxt_tokubetu02-000007449_01.pdf （確認日：2023/3/14）

12) 文部科学省／初等中等教育局特別支援教育課 （2021） 小学校等における医療的ケア実施支援資料—医療的ケア児を安心・安全に受け入れるために—. 令和 3 年 6 月.
https://www.mext.go.jp/content/20220317-mxt_tokubetu01-000016489_1.pdf （確認日：2023/3/14）

13) 中央教育審議会 （2008） 子どもの心身の健康を守り，安全・安心を確保するために学校全体としての取組を進めるための方策について（答申）. 平成 20 年 1 月 17 日.
https://www.mext.go.jp/b_menu/shingi/chukyo/chukyo0/toushin/__icsFiles/afieldfile/2009/01/14/001_4.pdf （確認日：2023/3/14）

14) 内閣府 （2006） 我が国の災害の状況，平成 18 年版防災白書，政策統括官（防災担当）我が国の災害の状況.
https://www.bousai.go.jp/kaigirep/hakusho/h18/bousai2006/html/honmon/hm01010101.htm （確認日：2023/3/15）

15) 内閣府 （2012） 「震災と障害者」④東日本大震災における障害者の死亡率. 平成 24 年版障害者白書. p. 59.
https://www8.cao.go.jp/shougai/whitepaper/h24hakusho/zenbun/pdf/h1/4_1_clm04.pdf （確認日：2023/3/15）

16) 文部科学省 （2018） 学校の危機管理マニュアル作成の手引き.
https://www.mext.go.jp/a_menu/kenko/anzen/__icsFiles/afieldfile/2019/05/07/1401870_01.pdf （確認日：2023/3/15）

17) 仙台市ほか主催 （2015） 第 3 回国連防災世界会議パブリックフォーラム「障害者の視点からのコミュニティ全体で備える防災まちづくりへの提言—ポスト 2015 インクルーシブ防災—」（2015 年 3 月 17 日開催）.
https://www.nippon-foundation.or.jp/media/archives/2018/news/articles/2015/img/11/11.pdf （確認日：2023/3/15）

18) 国土交通省 （n.d.） マイ・タイムライン.
https://www.mlit.go.jp/river/bousai/main/saigai/tisiki/syozaiti/mytimeline/index.html （確認日：2023/3/15）

19) 相羽竜成・鈴木礼子・深見亜津子ほか （2020） 医療的ケア児の災害時個別支援計画に基づく避難訓練の実施と課題. 愛知県公衆衛生研究会抄録.
https://www.pref.aichi.jp/uploaded/attachment/372965.pdf （確認日：2023/3/15）

20) 増子邦行 （2021） こどもの命を守る医療的ケア児の防災マニュアル—お家でできること 8 選—. アンリューシュ.
https://unleash.or.jp/wp-content/uploads/2021/10/4fdf37cbe6b3452a85b531c4c8c4e8e8.pdf （確認日：2023/3/15）

21) 佐光恵子・中下富子・伊豆麻子ほか （2011） 新潟県中越沖地震における養護教諭の実践活動と学校保健室の機能について—養護教諭へのインタビューによる質的分析から— 日本公衆衛生誌，58(4)，276-278.

22）長谷川博美・江頭綾・内山美智恵ほか （2019）　医療的ケア児の災害時避難における課題
について．新潟県令和元年度福祉保健関係職員研修会研究抄録．
https://www.pref.niigata.lg.jp/uploaded/attachment/237155.pdf （確認日：2023/3/15）

23）内閣府（防災担当）（2022）　避難情報に関するガイドライン（別冊資料），避難情報に関
するガイドライン（別冊）．令和 3 年 5 月改定，令和 4 年 9 月更新．
https://www.bousai.go.jp/oukyu/hinanjouhou/r3_hinanjouhou_guideline/pdf/hinan_guideline_2.pdf （確
認日：2023/3/15）

24）金吉晴 （2021）　PTSD／心的外傷後ストレス障害（e-ヘルスネット）．
https://www.e-healthnet.mhlw.go.jp/information/dictionary/heart/yk-076.html （確認日：2023/3/15）

第4章

医療的ケアを行う教員等と養護教諭の連携

【本章のねらい】

　教員等が医療的ケアを実施する場合には，規定の研修を受け，認定特定行為業務従事者として認定される必要がある。認定された教員等は，5つの医療的ケア（特定行為）を行うことができる。ここでは，教員等が医療的ケアを実施することの意義，そのための体制整備，養護教諭との連携の重要性について理解する。

4.1　教員等の行う医療的ケアとその意義

　教員等が特定行為を実施する場合には，社会福祉士及び介護福祉士法施行規則第26条の3・第2項・第3号において次のことが求められている（制度の詳細については第1章参照）。

> 医師又は看護職員を含む者で構成される安全委員会の設置，喀痰吸引等を安全に実施するための研修体制の整備その他の対象者の安全を確保するために必要な体制を確保すること。

　医療的ケア実施体制整備に当たっては，都道府県等教育委員会が教員等を支援する立場として挙げられ，特定行為を行う認定特定行為事業者の養成や研修機会の提供，認定特定行為事業者における体制整備等を実施している。特定行為を行う学校は，認定特定行為事業者として登録を受けるため，各都道府県知事へ必要書類を提出して申請登録を行う必要がある。

喀痰吸引（たんの吸引）

> 筋力の低下などにより，たんの排出が自力では困難な者などに対して，吸引器によるたんの吸引を行う。

経管栄養

> 摂食・嚥下の機能に障害があり，口から食事を摂ることができない，または十分な量をとれない場合などに胃や腸までチューブを通し，流動食や栄養剤などを注入する。

①口腔内　②鼻腔内　③気管カニューレ内

④胃ろう又は腸ろう　⑤経鼻経管栄養

〈行為にあたっての留意点〉

教員等によるたんの吸引は，咽頭の手前までを限度とする。

教員等によるたんの吸引は，気管カニューレ内に限る。カニューレより奥の吸引は気管粘膜の損傷・出血などの危険性がある。

胃ろう・腸ろうの状態に問題がないこと及び鼻からの経管栄養のチューブが正確に胃の中に挿入されていることの確認は，看護師等が行う。

留意点は「社会福祉士及び介護福祉士法の一部を改正する法律の施行について」（平成 23 年 11 月 11 日　社援発 1111 第 1 号厚生労働省社会・援護局長通知）より要約

▌ 図 4.1 ▐

学校において教員等が行うことのできる医療的ケアの内容と範囲
出典）学校における医療的ケアの実施に関する検討会議[2]

　教員等が認定特定行為業務従事者として認定されるためには，研修を修了する必要があり，認定された場合には，医師の指示の下，医療的ケア看護職員と連携し特定の児童生徒に対して 5 つの特定行為を行うことができる。5 つの特定行為は次に示すものであり[1]，詳細は図 4.1 の通りである。

①口腔内の喀痰吸引

②鼻腔内の喀痰吸引

③気管カニューレ内の喀痰吸引

④胃ろう（または腸ろう）による経管栄養

⑤経鼻経管栄養

　学校において教員等が特定行為を行う意義は，児童生徒が医療的ケアを必要とするタイミングを逃さず行えることで，児童生徒の健康の保持増進や教育活動の継続性，教育効果に寄与することである。すなわち，生命維持活動のために必要な生活行為の 1 つである医療的ケアが，医療的ケア児の生命の安全の確保と健康の保持増進につながり，教育活動全般における継続性の保持や教育活動の充実と拡大に影響を与えることとなる[3]。

養護教諭が認定特定行為業務従事者に認定される場合においても，教員等と同様に研修を修了することで，看護師免許の有無を問わず，特定の医療的ケア児に特定行為を行うことができるようになる。

4.2　特定行為を行う教員等の教員研修プログラム

認定特定行為業務従事者の研修は，介護職員等による喀痰吸引等（特定の者対象）研修カリキュラム[4]（第3号研修）と同様で，基本研修と実地研修から構成されている（図 4.2）。基本研修では，8時間の講義と1時間の演習（シミュレーター演習）から構成されている。

なお，平成 24（2012）年度のテキストは，厚生労働省平成 30（2018）年度障害者総合福祉推進事業を受けて改訂されている。

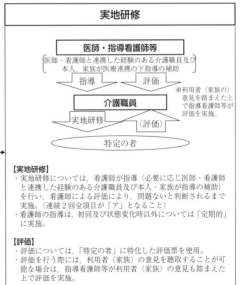

▌ 図 4.2 ▌
介護職員等による喀痰吸引等（特定の者対象）の研修カリキュラム概要
出典）介護職員による喀痰吸引等のテキスト等の作成に係る調査研究編纂委員会[4]

基本研修のカリキュラムとしては，

①重度障害児・者等の地域生活等に関する講義

②喀痰吸引等を必要とする重度障害児・者等の障害及び支援に関する講義，緊急時の対応及び危険防止に関する講義

③喀痰吸引等に関する演習

の大きく 3 科目に分類されている（表 4.1）。全ての講義終了後には講義部

▌ 表 4.1 ▌
基本研修のカリキュラム（特定の者）

科目	中項目	時間数
重度障害児・者等の地域生活等に関する講義	障害者自立支援法と関係法規 利用可能な制度 重度障害児・者等の地域生活　等	2
喀痰吸引等を必要とする重度障害児・者等の障害及び支援に関する講義	呼吸について 呼吸異常時の症状，緊急時対応 人工呼吸器について 人工呼吸器に係る緊急時対応 喀痰吸引概説 口腔内・鼻腔内・気管カニューレ内部の吸引 喀痰吸引のリスク，中止要件，緊急時対応 喀痰吸引の手順，留意点　等	3
緊急時の対応及び危険防止に関する講義	健康状態の把握 食と排泄（消化）について 経管栄養概説 胃ろう（腸ろう）と経鼻経管栄養 経管栄養のリスク，中止要件，緊急時対応 経管栄養の手順，留意点　等	3
喀痰吸引等に関する演習	喀痰吸引（口腔内） 喀痰吸引（鼻腔内） 喀痰吸引（気管カニューレ内部） 経管栄養（胃ろう・腸ろう） 経管栄養（経鼻）	1

○基本研修（講義及び演習）
※演習（シミュレーター演習）については，当該行為のイメージをつかむこと（手順の確認等）を目的とし，評価は行わない。実地研修の序盤に，実際に利用者のいる現場において，指導看護師や経験のある介護職員が行う喀痰吸引等を見ながら利用者ごとの手順に従って演習（現場演習）を実施し，プロセスの評価を行う。

注）時間数は 1＝60 分
出典）介護職員による喀痰吸引等のテキスト等の作成に係る調査研究編纂委員会[4]

分の知識習得の確認のため，筆記試験が実施される。1時間の演習では，吸引や経管栄養訓練用の人形モデルを使用し，教員等が特定行為のイメージをつかむための一連の手順を繰り返し実施する。

　実地研修は特定の対象者が必要とする行為の実地研修のみを行い，医師や看護師等が指導する。また，必要に応じ医師・看護師と連携した経験のある介護職員及び本人・家族が指導の補助を行うこととなっており，個別に作成されたケア手順に従って演習を行う。医療的ケア児は，一人一人の障害の程度や疾病状況が異なり，個別性があるため，事前に保護者や主治医等から，配慮すべき事項について指導を受けておく必要がある。

　実地研修は，医師や看護師等による評価により，連続2回，全項目が問題ないと判断されるまで実施される。この医師や看護師等の指導は，初回及び状態変化時以外については「定期的」に実施し，「特定の者」の実地研修については，特定の者の特定の行為ごとに行う必要があるが，基本研修をその都度再受講する必要はない。

4.3　教員等が行う特定行為の内容

4.3.1　喀痰吸引（たんの吸引）

　喀痰とは，主に咳をしたときに，喉の奥から出てくる粘液状のもので，大きく，①唾液（つば），②鼻汁（はなみず），③（狭い意味の）痰，に分けることができる[5]。通常，痰は，自分で排出等の処理ができるものであるが，勢いのある呼気や有効な咳ができない場合や，嚥下障害により胃の中に飲み込むことが困難な場合には，咽頭や喉頭にこれらの分泌物が溜まってしまい，低酸素血症や誤嚥性の気管支炎・肺炎を引き起こす危険性がある。喀痰吸引は，生命に危険が及ぶリスクを回避し，安定した呼吸のために必要な行為である。

　教員等が特定行為で実施できる喀痰吸引は，口腔内・鼻腔内，気管カニューレ内である。口腔内・鼻腔内については咽頭の手前までであり，気管カニューレ内部に限り実施することができる。

4.3.2　経管栄養

　経管栄養とは，摂食や嚥下の機能に障害があり，口から食べ物を摂取することが困難，又は必要な量を口から摂取できない児童生徒に対して，チューブやカテーテルを用いて，胃や腸に直接栄養を取り入れる方法である[5]。経管栄養を実施することで，安全で確実な栄養や水分の摂取が確保され，児童生徒の身体的な機能の保持及び改善につながることが期待される。通常の学校等において実施される経管栄養の方法には主として経鼻経管栄養法と胃ろう栄養法や腸ろう栄養法などが挙げられる。経鼻経管は，ソフトチューブを鼻腔から挿入し，先端部が胃中に留置されるが，胃ろうや腸ろうの場合には，腹部の皮膚と胃や腸に開けられた穴（ろう孔）にカテーテルを挿入・留置して実施される。口から摂取できる児童生徒の場合でも，十分な量を経口から摂取することができない場合には経管栄養を併用することもある。

　教員等が特定行為として実施する経管栄養は，経鼻経管から，または胃ろうや腸ろうから必要な流動食や栄養剤の注入である。経管栄養中には，医療的ケア児の体位（顔の向き，腕や体の動き，姿勢等）や注入速度等の観察を医療的ケア看護職員と共に行うことが重要である。チューブの固定や胃ろうや腸ろうの状態等の管理は医療的ケア看護職員が担っている。

4.4　教員等の医療的ケアの実践と養護教諭の連携

　平成23（2011）年12月に開催された特別支援学校等における医療的ケアの実施に関する検討会議[6]の報告によると，医療的ケアの安全を確保するためには，医療的ケア看護職員と教職員の連携はもとより，児童生徒の状態や行動特性の把握による児童生徒や保護者との信頼関係の構築，また医療的ケア看護職員を支えるための指導看護師の導入や看護系大学・関係団体による専門的知識の提供の重要性が述べられている。そのため，特別支援学校を所管する教育委員会は，域内の学校を総括的に管理する体制を構築し，医師，看護師その他の医療関係者とのバックアップ体制の整備により医療安全の確保や教育面の成果を確認してきた（図4.3）。

　このような背景から，通常の学校における医療的ケアの実施については，

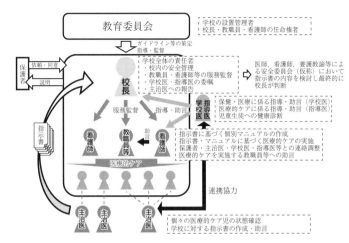

▌ 図 4.3 ▌
医療的ケアの実施体制（特別支援学校の例）
出典）文部科学省[1]

　これまでと同様に原則として医療的ケア看護職員等を配置又は活用しなが
ら，主として医療的ケア看護職員等が医療的ケアに当たり，教員等がバック
アップする体制の構築が基本である。

　一方で，特別支援学校に在籍する児童生徒の障害の重度化や重複化により
医療的ケアの実施自体に特別な配慮が必要な場合も多く，医療的ケアの内容
がより複雑化し熟練を要する場合が多くみられるようになってきている[6]。
また，医療技術の進歩等により，酸素吸入や人工呼吸器の管理等の特定行為
以外の医行為が必要な児童生徒の数は増加の一途をたどっている。そのた
め，認定特定行為業務従事者となる者は，医療安全の確実な確保のため，対
象となる児童生徒の障害の状態や行動の特性を把握し，信頼関係が築かれて
いるなど関係性が十分にある教員が望ましいともされている[1]。今後，高度
な医療的ケア児への対応のため，各学校においては一定数の医療的ケア看護
職員等の配置が適切に行われることはもとより，学校長を中心に，医師，保
護者等との連携協力の下に校内支援体制の構築（安全委員会の設置等），医
療的ケア実施マニュアル等の作成など，医療的ケア実施体制の充実が大変重
要である。特別支援学校のみならず，通常の学校等においても，医療的ケア

児が就学する際には，医療的ケアを実施するか否かにかかわらず，医療的ケアを学校で行うことの本質的な教育的意義や必要な衛生環境等について，全教職員が共通理解していることが望ましい。また医療的ケア看護職員等や医療的ケアを実施する教員等との連携協力の下，医療的ケアに係る基礎的知識についても全教職員が把握していくことが重要である。日本訪問看護財団は，学校における医療的ケア実施体制構築事業として「学校における教職員によるたんの吸引等（特定の者対象）研修テキスト（例）」を提示し[7]，医療的ケアの基本的な考え方や，実施の留意点などをまとめ，特別支援学校に限らず小中学校等を含む全ての学校において，教員等の医療的ケアへの不安等の軽減を目指している。

　養護教諭は，文部科学省[8]のまとめた「学校における医療的ケアの実施に当たっての役割分担例（案）」の中で，「外部関係機関との連絡調整」「看護師等の勤務調整」「看護師・医療的ケアを実施する教職員の補助」のほか，「研修会の企画・運営」等も標準的な役割分担として挙げられている。そのため，養護教諭自身が，認定特定行為業務従事者とならなくとも，学校で第3号研修が開催される際には，教育委員会・指導看護師等との連絡調整を行うことが重要である。また第3号研修では，個別性が重視されることから，受講する教員が，その児童生徒の状態に応じた知識・技術について徹底して体得することができるよう研修受講に向けた準備に参画することが望ましい。また，研修プログラムの場においてはどのような講義がなされているかなど，指導看護師からの指示や助言など養護教諭自身も特定の児童生徒に即した医療的ケアの実際を把握していくことが重要である。

　認定特定行為業務従事者であっても，特定行為が実施できるのは医療的ケア児の平常時の処置であり，普段の様子が違うときには，医師や看護師への報告や連絡，相談が必要である。そのため，普段から校内連絡体制や，緊急時の体制を整えておくことは大変重要である。医療的ケアに関わる全教職員の役割を定め，緊急時にはその役割に基づき対応できるよう，養護教諭は校内の教員等と医療的ケア看護職員とのつなぎ役としても役割を果たしていく必要がある。

　また，全教職員を対象とした医療的ケアに関する校内研修プログラムを開

催するなど共通認識の周知徹底に向けた活動を推進することが重要である。看護師等の管理の下，医療的ケア児に対して教員等が実施できる支援には，医療機械・器具の装着時の衣服の着脱や，医療的ケアを受けやすい姿勢保持等の補助などが挙げられる[5]。また，気管カニューレや経鼻経管などの留置物が抜けることがないよう，教育活動を行うに当たっては留置物の観察をすることも，実施可能な支援である。これらの支援に対する教員等の役割認識や理解を促していくことは，養護教諭の重要な役割である。さらに，特定行為以外の医療的ケアについては，緊急時の訓練といった研修プログラムを医師・看護師の指導助言の下で開催し，医療的ケア実施体制の充実を図っていくことも重要である。

　その他，同級生やその保護者に対する啓発には，学校医との相談，PTA等との協力の下，学校保健委員会や保健だよりなどを活用しながら，医療的ケアに関する理解・啓発を促していくことも求められている。

引用文献

1) 文部科学省／初等中等教育局特別支援教育課　(2017)　学校における医療的ケアの必要な児童生徒等への対応について（資料1. 行政説明資料（5））. 平成29年度医療的ケア児の地域支援体制構築に係る担当者合同会議（平成29年10月16日）.
　　https://www.mhlw.go.jp/file/06-Seisakujouhou-12200000-Shakaiengokyokushougaihokenfukushibu/0000180999.pdf（確認日：2023/3/15）
2) 学校における医療的ケアの実施に関する検討会議　(2017)　第1回. 資料3：学校における医療的ケアへの対応について.
　　https://www.mext.go.jp/component/a_menu/education/micro_detail/__icsFiles/afieldfile/2018/01/22/1399834_001.pdf（確認日：2023/7/18）
3) 山田景子・津島ひろ江　(2013)　特別支援学校における医療的ケアと実施に関する歴史的変遷，川崎医療福祉学会誌，23(1)，11-25.
4) 介護職員による喀痰吸引等のテキスト等の作成に係る調査研究編纂委員会 編　(2019)　喀痰吸引等研修テキスト―第三号研修（特定の者対象）―（厚生労働省平成30年度障害者総合福祉推進事業）.
　　https://www.murc.jp/wp-content/uploads/2022/11/houkatsu_07_5_14.pdf（確認日：2023/3/15）
5) 文部科学省／初等中等教育局特別支援教育課　(2021)　小学校等における医療的ケア実施支援資料―医療的ケア児を安心・安全に受け入れるために―. 令和3年6月.
　　https://www.mext.go.jp/content/20220317-mxt_tokubetu01-000016489_1.pdf（確認日：2023/3/15）
6) 特別支援学校等における医療的ケアの実施に関する検討会議　(2011)　特別支援学校等にお

　　ける医療的ケアへの今後の対応について．平成 23 年 12 月 9 日.
　　https://www.mext.go.jp/b_menu/shingi/chousa/shotou/087/houkoku/1314048.htm（確認日：2023/3/15）
7) 日本訪問看護財団　(2020)　学校における教職員によるたんの吸引等（特定の者対象）研修
　　テキスト（例）．（文部科学省　令和元年度　学校における医療的ケア実施体制構築事業）
　　https://www.jvnf.or.jp/katsudo/kenkyu/2019/caretext_teacher_all.pdf（確認日：2023/3/15）
8) 文部科学省／学校における医療的ケアの実施に関する検討会議　2018)　資料 7「学校にお
　　ける医療的ケアの実施に当たっての役割分担例（案)」(平成 30 年 3 月 19 日，第 4 回).
　　https://www.mext.go.jp/a_menu/shotou/tokubetu/material/1405116.htm（確認日：2023/3/15）

第5章

医療的ケア看護職員の職務理解と連携

【本章のねらい】

　この章では，医療的ケア看護職員（学校看護師）の職務理解と連携について，役割や職務の実際，医療的ケア看護職員の活動を支える体制や関係者の連携・協働について説明している。今後，医療的ケア児が安全に教育の機会を享受するために，医療専門職としての医療的ケア看護職員の役割はますます重要となり，十分な配置と活動支援が必要となる。

5.1　医療的ケア看護職員の位置づけ

　学校において，医療的ケア看護職員が医療的ケアを実施することで，医療的ケア児の教育機会を確保することができる。学校教育法施行規則第 65 条の 2 では，医療的ケア看護職員は次のように定義されている。

　　　医療的ケア看護職員は，小学校における日常生活及び社会生活を営むために恒常的に医療的ケア（人工呼吸器による呼吸管理，喀痰吸引その他の医療行為をいう。）を受けることが不可欠である児童の療養上の世話又は診療の補助に従事する。

　学校において安全に医療的ケアを実施するには，関係者の役割分担を整理し，相互に連携協力しながら，それぞれが責任を果たしていく（第 4 章の図4.3 も参照）。医療的ケア看護職員は，学校全体の責任者である校長の服務

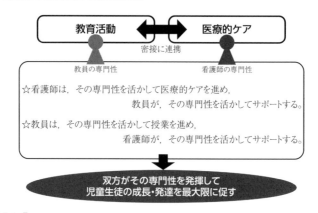

■ 図 5.1 ■
教育と医療的ケアの連携
出典）文部科学省[1]

監督・指導助言と学校医の指導助言を受けながら，医療的ケアの実施に当たっていく。また，教育を行う教員と医療的ケアを行う医療的ケア看護職員が密接に連携しながら，それぞれの専門性を発揮して，児童生徒の成長・発達を促していく役割がある（図5.1）。

　文部科学省[2]による「学校における医療的ケアの今後の対応について（通知）」の別添資料では，医療的ケア看護職員について，「2. 学校における医療的ケアに関する基本的な考え方」の中で，以下のように示している。

（1）学校で医療的ケアを行う場合には，教育委員会において，看護師等を十分確保し，継続して安定的に勤務できる体制を整備するとともに，各学校に医療的ケア児の状態に応じた看護師等の適切な配置を行うこと。また，各学校においては，看護師等を中心に教職員等が連携協力して医療的ケアに当たること。

（2）医療的ケア児の状態に応じ，必ずしも看護師等が直接特定行為を行う必要がない場合であっても，看護師等による定期的な巡回や医師等といつでも相談できる体制を整備するなど医療安全を確保するための十分な措置を講じること。

また，医療的ケア看護職員等及び認定特定行為業務従事者が医療的ケアを
行う場合には，医師の指示が必要であることも明示されている。

5.2 医療的ケア看護職員の日常的な役割

5.2.1 アセスメント

医療的ケア児とひと言でいっても，その状態は人それぞれである。知的障
害や肢体不自由がある場合もあるが，その程度は様々で，支援の必要度も異
なる。同じ病気であっても，症状は全く異なるため，保護者や主治医と連携
しながら，医療的ケア児の状態をアセスメントする（表5.1）。

医療的ケア児が医療的ケアを必要とする原因疾患は，主に脳や脊髄，神
経・筋，骨等に障害のある場合が多い。先天的・後天的にこれらの疾患に罹
患したことだけでなく，さらに様々な合併症により，医療的ケアが必要とな
る。そのため，保護者や主治医から提供される疾患名だけでなく，合併症や
障害の程度なども含めて，適切に把握した上で，医療的ケアを実施する。

特に，重度の知的障害があったり，重症心身障害児では本人と言語的なコ

▎ 表5.1 ▎
医療的ケア児のアセスメント項目例

呼吸	呼吸回数，SpO$_2$値，呼吸音，喘鳴の有無，チアノーゼ，呼吸リズム，深さ，痰の性状・量，咳嗽，表情，（呼吸器を使用している場合）呼吸器・加湿の設定，酸素使用量
循環	体温，心拍数，リズム，血圧，浮腫・脱水の有無，筋緊張の有無
栄養・代謝	食事（注入）時間，食事（注入）内容，嘔気・嘔吐の有無，水分量，身長・体重の推移，胃残の量，低血糖症状の有無
排泄	排尿回数，尿の性状・量，排便回数，便の性状・量，緩下剤などの使用の有無，腹部状態（腸蠕動音，腹部膨満），不感蒸泄の程度
睡眠・休息	睡眠時間，覚醒レベル，活気，機嫌，催眠剤などの使用の有無
皮膚	テープかぶれ，オムツかぶれなどの有無，気管，胃ろう・腸ろうなどのろう孔周囲の皮膚トラブルの有無，褥瘡の有無，自傷などによる傷の有無
その他	自発的な動き，発作の様子，筋緊張の有無，頓服薬の使用の有無

ミュニケーションをとることが難しく，体調の変化を捉えることが難しい。バイタルサインだけでなく，表情，筋緊張，手足の動き，発汗など様々なサインから，体調の変化を捉えるようにする。そのため，日頃から児童生徒のいつもの状態をしっかり把握しておいて，「いつもと違う」ことに敏感に気づけるようにしておく必要がある。

　また，医療的ケア児が複数人在籍している学校では，医療的ケア看護職員が 1 人の児童生徒に付いて，長時間関わることは難しいかもしれないが，いつも近くにいる教員や保護者と情報共有しながら，一人一人の医療的ケア児をアセスメントする。

5.2.2　医療的ケア児の健康管理

　医療的ケア児は，その疾患の特徴から，体調を崩しやすいことが多く，日頃の健康管理が重要である。特に，重症心身障害児では，生理的機能の発達が未熟さ，環境への適応力の低さ，経験の少なさなどのため，外的な変化にも対応できずに体調を崩すことが多い。そのため，学校行事や季節の変わり目など，体調変化しやすいポイントを把握しておく。さらに，体調を崩すと重症化してしまうことが多いため，学校行事などにおいて，配慮できることがないか養護教諭と連携しながら予防できることは予防し，体調悪化の前兆を知っておくことも必要である。例えば，てんかんの児童生徒が小さな発作が多くなってきた，経管栄養管理の児童生徒の胃残が多くなってきたなど，一人一人で前兆は違うものの，小さな変化に気づき，保護者と体調変化の予兆等の情報を共有していくことが必要である。

　また，医療的ケア児の健康については，学校内での状態を把握するだけでなく，長期的な視点で把握しておくことが必要である。学校で過ごす時間以外の治療やケアの内容，児童生徒の様子についても把握し，保護者や主治医から医療的ケアの内容や生活に変更などの情報があった場合には，養護教諭と情報を共有し，記録を残すことで，継続的な健康管理が可能となる。

5.2.3　医療的ケアの実施

　医療的ケアを実施するに当たっては，改めて医行為との違いを確認してお

▌表 5.2 ▐
医行為と医療的ケアの違い

医行為	医師法第 17 条に規定する「医業」とは，当該行為を行うに当たり，医師の医学的判断及び技術をもってするのでなければ人体に危害を及ぼし，又は危害を及ぼすおそれのある行為（「医行為」）を，反復継続する意思をもって行うことであると解している。
医療的ケア	医療的ケア児及びその家族に対する支援に関する法律では，「人工呼吸器による呼吸管理，喀痰吸引その他の医療行為をいう」とされている。一般的には病院などの医療機関以外の場所（学校や自宅など）で日常的に継続して行われる，喀痰吸引や経管栄養，気管切開部の衛生管理，導尿，インスリン注射などの医行為を指している。

きたい（表 5.2）。学校においては，①医療的ケアを医師や医療的ケア看護職員などの医療者，②介護福祉士や認定特定行為業務従事者，③医療的ケア児本人や保護者などが実施する。誰が実施するのがよいのかは，児童生徒の体調やどのように学校生活を送りたいかを大切にしながら，保護者や主治医と十分に話し合い，検討していく必要がある。認定特定行為業務従事者が対応できない医療的ケアについては，医療的ケア看護職員や保護者・本人が実施する。令和 3（2021）年に施行された医療的ケア児支援法において，学校の設置者が，「在籍する医療的ケア児が保護者の付添いがなくても適切な医療的ケアその他の支援を受けられるようにするため，看護師等の配置その他の必要な措置を講ずるもの」とされた（第 10 条の 2）。そのため，学校において対応可能かどうかの判断は，市町村教育委員会（特別区含む）の指導の下に，基本的に個々の学校において，個々の児童生徒の状態に照らしてその安全性を判断しながら検討される。

5.2.4　医師との連絡・報告
（1）主治医
　医療的ケア看護職員は，主治医の指示に基づいて，そのときの児童生徒の状態を十分にアセスメントし，その安全性を十分に考慮した上で医療的ケアを実施する。そのため，医療的ケア児のかかりつけの医療機関との連携が不可欠である。入学時や体調が大きく変化したときなどの必要時には，保護者

の許可の下，学校関係者や医療的ケア看護職員が直接病院を訪れて主治医と面談することもある。顔の見える関係性を構築することで，相談や連絡をしやすくなり，学校における児童生徒の安全性をより担保できる。また，日常的に，医療的ケア児の健康状態，医療的ケアの実施内容などの情報を取りまとめ，学校から主治医に報告することも必要である。日常的には医療的ケア看護職員と主治医が直接的に連携することはないが，医療的ケア児の様子が的確に伝わるように報告書の作成を通し，養護教諭と連携し，相互理解を深めることができる。

(2)　学校医

　学校医は，「学校における保健管理に関する専門的事項に関し，技術及び指導に従事する」ものとして学校保健安全法第 23 条第 4 項に定められており，児童生徒の健康診断を実施したり，保健・医療に係る助言などを行う。医療的ケアの実施は学校医の助言なしに行うことはできないため，入学前から十分に相談しながら，体制の整備等をしていく必要がある。医療的ケア児が学校生活を送るに当たって必要な情報を主治医から学校医へ提供してもらうなどの連携を図ることもある。医療的ケア看護職員はその中核を担い，学校と医療機関が一体になって医療的ケア児の学校生活を守る必要がある。

5.2.5　教職員との連携

　学級担任は医療的ケア児について，学校での医療的ケアを実施する教育的意義や環境，他の児童生徒への影響などについて考えながら教室運営を行っている。日常的に，児童生徒の健康状態や医療的ケアについて，情報共有したり，授業や行事等の情報をもとに，ケアの計画を立てるなど，連携が不可欠である。学級担任以外にも教職員全体の役割や立場を理解し，組織の一員として，役割に基づいて対応することが重要である。特に，養護教諭は，医療的ケア看護職員等と教職員の連携支援の役割を担うため，情報共有が欠かせない。

■ 表5.3 ■
特定行為と注意点

口腔内の喀痰吸引	吸引カテーテルの挿入は咽頭の手前までを限度とする。
鼻腔内の喀痰吸引	
気管カニューレ内の喀痰吸引	気管カニューレ内に限る。 指定された挿入の長さを必ず守る。
胃ろう又腸ろうによる経管栄養	胃ろう・腸ろうの状態に問題がないことの確認は医療的ケア看護職員等が行う。
経鼻経管栄養	鼻からの経管栄養のチューブが正確に胃の中に挿入されていることの確認は医療的ケア看護職員等が行う。

5.2.6 認定特定行為業務従事者である教職員への指導・助言

平成24（2012）年度に社会福祉士及び介護福祉士法が改正されたことにより，看護師等の免許を有しない者も，医行為のうち，5つの特定行為に限り「認定特定行為業務従事者」として，一定の条件の下で実施可能な制度ができた。学校においては，認定された教員や介助員等が特定行為を実施することがある。ただし，行為に当たっては，実施できる範囲が決まっており（表5.3），その範囲を超える医行為は，医療的ケア看護職員や保護者・本人が実施する。医療的ケア看護職員は直接ケアを行う必要がないときも，巡回し，医療安全を確保する必要がある。

5.2.7 保護者との情報共有

学校での医療的ケアの実施には，保護者の理解や協力が不可欠である。保護者には事前に，学校における医療的ケアの実施体制への理解を得るとともに，医療的ケア児の健康状態など学校に報告すべきことなどの保護者の役割や責任を十分理解してもらうことが求められる。また，学級担任や教職員だけでなく，医療的ケア看護職員も日頃から十分に保護者とコミュニケーションをとる必要がある。医療的ケア看護職員は医療的ケア児の健康状態，家庭での医療的ケアの内容や頻度，想定される緊急時の対応などの情報を保護者から得て，アセスメントを実施した上で日々の医療的ケアを実施する。保護者と直接顔を合わせる機会は少ないため，学校での様子については，連絡ノートでやり取りすることが多い。連絡ノートには客観的で正確な情報を分

かりやすく記載するとともに，医療的ケア看護職員から見た医療的ケア児の変化や成長などの気づきや家庭でも継続して注意してほしいことを記載することで，学校と家庭が一体となって共通理解の下で児童生徒を支援していくことができる。さらに，緊急時の体制も十分に保護者と話し合っておく必要がある。学校において，健康状態がすぐれない場合や，医療器具の不具合，何らかの事情で医療的ケアの実施ができない場合などに備えて，事前に保護者と協議しながら連絡フローを整理しておく。

5.2.8　医療器具・衛生材料の管理

　医療的ケア児が学校でケアに使用する医療器具や衛生材料は，本人の物を毎日持参してもらい，使用することが基本である。そのため，保護者や本人が自宅で日々のメンテナンスや在庫の管理などを行い，登校時に持参してもらうこととなる。医療的ケア看護職員は，医療的ケア児それぞれがどのような医療器具を使用しているのか，使用方法や注意点等を個別マニュアルに沿って理解した上でケアをしていくこととなる。登校時には，医療的ケア看護職員は，教職員などとダブルチェックで物品がそろっていること，医療器具の作動確認を行い，医療機器や衛生材料が管理できているかを確認する。医療機器は，バッテリーで駆動しているものが多い。フル充電でのバッテリーの駆動時間を把握し，学校での充電の必要性の有無や当日の授業の予定を考慮して，充電時間を決めるなどの配慮も必要である。

　複数の医療的ケア児が在籍する学校では，他の児童生徒が使用する物品と混在することがないよう，1 人ずつ教室の決められた場所に保管するなどの管理の方法を決め，下校時に確実に返却するようにする。医療的ケア児が 1 人もしくは少数の学校や，衛生材料などを毎日持参することが難しい場合には，学校で保管することもあるが，使用サイズが変更になったり，使用期限が切れてしまったりすることもあるため，定期的に確認する。

　保護者とはあらかじめ，医療器具の受け渡し方法，医療廃棄物やごみの処理方法，学校での保管方法，使用後の洗浄方法等についても確認しておく。

5.2.9 医療的ケア実施場所の環境整備

　吸引等の緊急性が高く不定期に実施するケア以外は，医療的ケアを実施する場所はあらかじめ決まっていることが多い。学校の設備は限定的であるが，児童生徒の成長発達やセルフケアに合わせて工夫したり，安全に医療的ケアが実施できるような環境整備が必要である。また，ケアを行う場所は，保健室やケアルームなど複数の児童生徒が共用したり，多目的トイレなどは学校への訪問者なども使う設備になるため，使用方法，使用時間等は学校全体で共有しておく必要がある。

5.2.10 指示書に基づく個別マニュアルの作成

　指示書は，保護者を通して，医療的ケア児の主治医から，学校長宛に作成・提出してもらう。指示書に記載されたケアを実施するために必要な物品や手順について記載したものを個別マニュアルと言う。これは，自宅で日常的に保護者や訪問看護師等の医療者が実施している手順を，学校でも実施できるように，保護者の説明に基づいて作成する。複数の医療的ケアが必要な場合はケアごとに作成する。個別マニュアルには，①実施のタイミング，②必要物品・準備方法，③手順及び注意事項，④緊急時の対応，⑤使用する医療器具の仕様や設定，⑥その他の特記事項，等を記載し，ファイルに挟み，毎日持参してもらう。緊急時の対応については，個別の対応だけでなく，学校長が指揮をとる学校全体の対応手順もあるため，個別マニュアルの作成に当たっては十分に調整し，緊急時に迅速に対応できるようにしておく。また，あらかじめ想定される学校行事や授業内容（プール授業や体育等）で，ケア内容を変更・追加する必要がありそうな場合には，事前に確認して記載しておくこともある。個別マニュアルは作成後に保護者，主治医の確認を受けた上で完成となる。

　また，指示書の内容に変更・修正・追記があった場合には，随時個別マニュアルも変更・修正・追記していくとともに，医療的ケア関係者とその情報を共有する。

5.2.11　日常の医療的ケアの記録

　医療的ケア看護職員は，医療的ケアを実施したら，実施記録に必要事項を記載し，保護者と共有する。実施記録は医療的ケア児ごとに個別マニュアルに沿って作成する。実施記録には，登校前の自宅での様子を保護者が記載する欄，登校時のバイタルサインや全身状態を記載する健康チェックの欄のほかにそれぞれのケアについての観察事項や実施状況を記載する欄を設け，実施者が記載する。医療的ケアの実施記録については，個別マニュアルの手順を１つ１つレ点でチェックできる様式にすると，実施時に手順を間違えることを予防できる。また，全ての医療的ケアを医療的ケア看護職員が実施するとは限らないため，下校前に医療的ケア看護職員は実施記録を確認し，医療的ケア児の状況を把握しておく必要がある。保護者や学校医等へ報告しなければならないことがあれば，連絡フローに沿って，速やかに報告する。毎回，実施記録はファイルに入れて持ち帰ってもらい，次回の登校時に保護者のサインが記載されているかを確認する。

5.3　医療的ケア看護職員等のリスクマネジメント，緊急時の役割

5.3.1　医療的ケア看護職員のリスクマネジメントに対する基本姿勢

　学校では，教員の専門的な関わりによって，児童生徒はのびのびと活動し，様々な体験を通して児童生徒自身の反応や筋緊張が増大する場面もある。医療的ケアに関わる緊急事態は思いがけず起こり得ると考え，児童生徒の安全を守るため，日頃から緊急事態の発生予防に取り組む。それぞれの児童生徒の身体状態や医療的ケア等を要する理由，安全を守るための注意点を校内の医療的ケア関係者で共有し，日々の医療的ケアを実施する。

　児童生徒のリスクマネジメントや緊急時の対応では，特に，養護教諭との連携が欠かせない。詳細は，本書の3.2.2項を参照されたい。

5.3.2　緊急時のマニュアルの作成

　いくつかある緊急事態の中でも，カニューレ類の事故抜去や中心静脈栄養（IVH）の閉塞等は，即時に適切な対処を行わなければ，生命が危険な状態

に陥ったり，後に大きな処置を要したりするリスクがある。ここで，緊急時のマニュアル作成について気管カニューレの事故抜去を例に考える。

　文部科学省は，平成30（2018）年に「気管カニューレの事故抜去等の緊急時における気管カニューレの再挿入について」，「福祉，教育，保育等，あらゆる場において子どもの気管カニューレが事故抜去し，生命が危険な状態等のため，緊急に気管カニューレを再挿入する必要がある場合であって，直ちに医師の治療・指示を受けることが困難な場合において，看護師又は准看護師が臨時応急の手当として気管カニューレを再挿入する行為は，保健師助産師看護師法（昭和23年法律第203号）第37条ただし書の規定により，同法違反とはならない」「また，気管カニューレの再挿入を実施した場合は，可及的速やかに医師に報告すること」を周知している[3]。そして，日本小児科学会のサイトで公開している看護師の研修用マニュアル等[4]を紹介し，教育委員会の委嘱した医師等と連携を図ることを推奨している。実際には，気管軟化症などのためカニューレの再挿入困難が予測される児童生徒もいるため，第一の指示で再挿入できない場合を想定してマニュアルを作成する。1つサイズの小さいカニューレを再挿入すると言った第二の指示や，二次的な全身状態悪化への対応，医師への連絡，救急要請の判断，保護者への連絡や協力を得る内容等を含めて，主治医の指示を確認し，明文化して保護者の同意を得ておくことが望ましい。緊急時に実施する医療行為には危険も伴うため，マニュアルの内容や主治医の指示に不安があれば，教育委員会の委嘱した学校医や医療的ケア指導医に相談したり，医療的ケア運営協議会で指導や助言を受けたりするとよい。

　なお，こうした備えの過程を通して，学校の医療的ケア関係者と保護者との信頼関係が深まっていくことが望ましい。ここでは，医療的ケア児の健康状態や非日常のとらえ方について，保護者の認識と学校の医療的ケア関係者の認識を普段以上にすり合わせていく必要があり，保護者との関係づくりにおいて学級担任や養護教諭との協働は不可欠である。また，主治医の指示内容は，実際の緊急時に活用できるよう，分かりやすい書式や保管場所を学級担任や養護教諭と検討し，医療的ケア委員会等で周知しておくとよい。

　このように，医療的ケア児の緊急時の備えをしておくことは，児童生徒の

安心安全や保護者との信頼関係につながり，ひいては校内の医療的ケア関係者の安心につながると考えられる。

5.3.3　緊急時の対応と予防

　学校における「緊急時」とは，児童生徒が学習が継続できない健康状態に陥った場合で，学習を中断し，校長が救急搬送もしくは保護者迎えの判断をする状況のことである[5]。児童生徒の安全を守るために，まずは体調の急変と事故の予防に取り組む。日頃から，学級担任，養護教諭，医療的ケア看護職員，保護者との間で，児童生徒の体調の変化や，デバイスや医療機器の管理でヒヤリとしたことなどをタイムリーに共有していると，観察を密にでき，緊急時の備えをしやすい。

　学校は病院と違い，医師不在で医療機器が十分には整備されていない環境である。この状況で，緊急時の初期対応を適切に行うためには，関係者間で緊急時のマニュアルに沿ったシミュレーションをしておくことが望ましい。シミュレーションで優先すべき事例や，年間で適切な実施時期を関係者間で話し合い，緊急時における学級担任，養護教諭，医療的ケア看護職員，管理職，応援の教員等の各役割を明確にしておく。シミュレーションを重ね，マニュアルの内容や必要物品の不備，役割分担で柔軟に対応すべきこと等を洗い出し，組織的に備える。さらに，短時間の校外学習でも緊急事態が起こり得ることを関係者間で共通認識し，引率教員の人数や医療的ケア看護職員同伴の必要性，外出時の持参物品を判断し，校外での緊急時の連絡手段を確保する。

　緊急時には，医療的ケア看護職員が中心となって指示書に基づいた救命処置等を行い，管理者や応援の教員等が，救急要請の判断や他の児童生徒の安全確認をする。関係者間で対応を振り返り，緊急事態の再発防止や改善策を考える。状況を丁寧に振り返ることは，医療的ケア児の学級担任や医療的ケア看護職員の安心と，多職種連携の強化につながる。

5.3.4　ヒヤリ・ハット等の事例の蓄積と予防対策

　ヒヤリ・ハット事例の分析は，事故を予防するために不可欠であり，その

目的は，ミスした人を責めるものではない。『特別支援学校看護師のためのガイドライン（改訂版）』では，ヒヤリ・ハットへの向き合い方として，「所定の用紙に記入して蓄積し，その子どもとして，その医療的ケア行為として，学校の体制として，それぞれの医療的ケア実施者として，起こりやすい傾向等を把握し，事故を予防する」と記されている[6]。ヒヤリ・ハットの分析を当事者個人の反省にとどめず，状況を多角的に捉えて効果的な再発防止策を見いだすことが大切である。

　万が一，ヒヤリ・ハットが発生した際は，児童生徒の状態を観察し身体的影響の有無を見極めて対応する。その状況に関係した職員と，児童生徒の学級担任，養護教諭，医療的ケア看護職員ができるだけ一緒に状態をアセスメントし，必要なケアや処置を実施して，管理職への報告と保護者への連絡等を適切に行う。実質的な身体的影響がない，もしくは軽微の場合，その後も授業を続けることが多い。同様の場面が発生するリスクはあるため，できるだけタイムリーに関係者間で状況確認と基本的な対策の共有をすることが望ましい。また，設置主体が同じ近隣校等とヒヤリ・ハットを共有すると，参考事例が増え，安全対策に役立てられる。

5.3.5　教職員全体の理解啓発

　医療的ケア児の担任経験がない場合でも，全ての教員が緊急時の応援では役割を理解して行動することが求められる。また，クラスや学部の合同授業では，人工呼吸器を使用する児童生徒が安全に過ごせるスペースを事前に確保したり，医療的ケア児の緊急時に他の児童生徒の対応のためクラスに応援に来たりできる。学校全体の児童生徒の安全と教育の充実のためには，教職員全体の医療的ケアへの理解啓発が重要であり，緊急時シミュレーションや研修を活用されたい。

5.3.6　（教職員として）自立活動の指導等

　学校において医療的ケアを実施する目的は，「安全な学習環境の整備を図り，子どもの教育の充実を図ること」である[7]。学校の医療的ケア看護職員等は，「成長・発達の過程にある子どもが安全で豊かな学習活動を継続でき

るように，フィジカルアセスメントと個別性をふまえた医療的ケアを行う」ことになる[5]。さらに，自立活動の指導における医療的ケア看護職員の役割発揮に関連して，教員の立場から，児童生徒の自己導尿確立に向けた効果的なアプローチの実践研究[8]などが報告されている。学校において多職種の専門性が効果的に発揮されたとき，児童生徒の自立活動の指導等はより充実する可能性があり，医療的ケア看護職員は必要時に役割発揮できるよう，その専門性を高めていくことが期待される。

5.4　医療的ケア看護職員の活動を支える体制，関係者の連携・協働

5.4.1　指導的な役割を担う看護師

　校内の看護チームでリーダー的役割を担う看護師と，域内（数か所の学校）の医療的ケア看護職員を統括する役割を担う看護師がいる。統括看護師が不在の地域もあるが，いずれも医療的ケア看護職員をはじめ医療的ケア関係職種の医療的ケアに関する相談対応や実地研修の指導などに当たる。

(1) 外部関係機関との連絡調整

　外部機関との連絡調整を主に誰が担うかは，学校や教育委員会のガイドラインが参考になる。また，各学校の多職種連携に関する風土や方針，関係職種の医療的ケアの経験状況，連絡調整の内容等により，学校や自治体によって担当職種は異なる場合がある。多くは，養護教諭や医療的ケア看護職員等が調整役を担うが，それぞれの学校で合意している役割分担で対応する。医療的ケア看護職員は，医療的ケア児の健康と暮らしに関わる外部関係機関や多職種の役割を理解し，成長・発達の視点をもって関係機関と連携，協働する。

(2) 医療的ケア看護職員等の業務調整

　医療的ケア看護職員等の業務調整には，日々の業務調整や，常勤と非常勤の医療的ケア看護職員との業務調整，医療的ケア児の入学・進学・進級時の業務調整などがある。ここでは，日々の業務調整について主に述べる。

　日々の業務調整では，個々の児童生徒及び校内全体の医療的ケアのスケジュールを確認し，医療的ケア看護職員等がチームとなってケアを行う。医療的ケア看護職員等の業務調整は，①児童生徒に必要な医療的ケアの内容，②学級担任等の医療的ケアのスキルと実施体制，③授業内容や行事などに注目して行う。

　①児童生徒に必要な医療的ケアの内容では，例えば，経鼻胃管注入をする前には，医療的ケア看護職員による管の位置確認が必要である。終日，人工呼吸器装着中の児童生徒には可能な限り医療的ケア看護職員１名が付き添い，他の児童生徒への医療的ケアは，他の医療的ケア看護職員がチームで対応する場合もある。医療的ケアの頻度や内容は，児童生徒の体調によっても変化するため，保護者からの情報を学級担任や養護教諭と共有して対応する。

　②教職員の医療的ケアのスキルと実施体制では，教職員が認定特定行為業務従事者として，該当する児童生徒に必要な医療的ケアを実施できるかを確認し，必要な医療的ケア看護職員の配置を決める。年度はじめは児童生徒が進級し，学級担任も変わることが多い。新しい学級担任の教職員が，担当する児童生徒の医療的ケアができるよう，指導的な役割を担う看護師は学級担任や養護教諭と連携して実地研修を調整し，研修後も，教職員の医療的ケアの習得度によって各クラスへの医療的ケア看護職員の配置を調整する。

　③授業内容や行事では，例えば図工の授業で学級担任も絵の具等に触れるときや，排痰ケアを兼ねて体を動かす授業では，吸引等にすぐに対応できるよう医療的ケア看護職員の配置が必要になる。学級担任から医療的ケア看護職員の常駐希望を事前に知らせてもらい，看護チームは全体の業務調整をする。行事の際は，進行の中で児童生徒の医療的ケアをいつどこで実施するか，学級担任等と調整する。医療的ケア看護職員は，児童生徒が最後まで体調よく行事に参加し，持てる力を発揮できるよう，医療的ケアを通して学習を支える。

　宿泊行事では，夜間に必要な医療的ケアや使用物品を保護者に確認し，計画的に準備する。誰が夜間の医療的ケアに対応するのか，児童生徒の安全を守るため，保護者の付き添いがどの程度必要かは，学級担任と養護教諭と共

111

に検討し，最終的には学校内の医療的ケア安全委員会などで管理職の許可を
得て対応を決定する。

(3) 医療的ケア看護職員等の相談・指導・カンファレンスの開催

　指導的な役割を担う看護師は，医療的ケア児の身体的アセスメントをはじ
め，必要物品の整備や，教職員や養護教諭との連携など，校内の医療的ケア
に関する医療的ケア看護職員の気づきや困りごとの相談対応をする。医療的
ケア看護職員等が困難感を抱きやすい状況には，学校への入職時や，校内で
経験のない医療的ケアへの対応が必要になったとき，保護者から新たな医療
的ケアの依頼があったとき，児童生徒の病状が変化して急変リスクが高まっ
ているときなどがある。医療的ケア看護職員の入職時の葛藤に対するケア
は，5.3.3項の(1)で述べる。例えば，カフアシストの導入を保護者から依頼
されたとき，児童生徒が授業を受けるために，学校でその医療的ケア等が本
当に必要か，体を動かす授業で同様の効果を得られないか，学級担任や養護
教諭，理学療法士等の資格を持つ教員，医療的ケア看護職員等で話し合う。
　指導的な役割を担う看護師は，必要時は来談者である医療的ケア看護職員
の許可を得て，医療的ケア看護職員や関係職種でのチームカンファレンスを
開催したり，養護教諭や学級担任，管理職，医療的ケア安全委員会等で話し
合い，課題の解決に取り組む。この過程を1つずつ丁寧に対応することは，
医療的ケア看護職員の離職防止につながると考えられる。

(4) 医療的ケアに関する教職員からの相談

　個別に相談を受ける場合と，医療的ケア安全委員会等の会議の場で議題と
して相談を受ける場合がある。日々のコミュニケーションで，医療的ケアへ
の不安や手技に関する質問を受けることがある。思いを聴き，必要時は関連
資料や情報を提供したり，一緒に対応を考えたりする。後者は，校長・教頭
等の管理職や，学部が異なる教職員とも医療的ケアの課題や困りごとについ
て共有でき，今後の対策をともに検討できるメリットがある。

(5) 研修会の企画・運営

　学校で開催される医療的ケアの研修会は，特定行為に関する集合研修をはじめ，校内の医療的ケア関係者のニーズに応じてテーマを設定する。指導的な役割を担う看護師は，自身が講師を担う場合や，テーマに関連した医療経験がある医療的ケア看護職員らに講師を募り，サポートする場合もある。医療的ケア看護職員が講師をするのは大変であるが，教える立場になることで，医療的ケア看護職員自身が学習し，スキルアップできる機会になる。また，対象となる教員は，医療的ケアの経験やスキルに差がある場合も多いため，誰を主な対象とするのかを企画の段階で明確にすると同時に，すでに適切なケアを実施できている教員には，これでよいと再認識してもらう機会にするとよい。

5.4.2　学校における医療的ケア関係者との協働

　学校という教育の場において，児童生徒の医療的ケアの適切なタイミングを判断していくには，医療的ケアの関係職種それぞれの専門的立場からの観察とアセスメントを統合するため，協働が不可欠である。

　医療的ケア看護職員は，市町村教育委員会等に雇用され小学校等に配置されている場合と，医療機関や訪問看護ステーションなどに派遣を委託され配置されている場合がある。いずれにおいても，医療的ケア看護職員等と教職員が十分な情報共有を行い，医療的ケアに対応することが求められる。

　学校では教員の数が圧倒的に多く，児童生徒を最も身近で継続的に観察しているのは学級担任であり，少ない医療的ケア看護職員が児童生徒の情報を得るには限界がある。つまり，学校で医療的ケアを実施する際には，「教諭から子どもの情報を得て，看護判断を行うという特殊性」がある[6]。教諭が医療的ケア児の見守りや医療的ケアを適切に行い，普段と違う様子に気づいて医療的ケア看護職員を呼べるよう，児童生徒の心身の状態や体調の変化を関係職種で共有する。医療的ケア看護職員は，教職員からの情報と自ら得た情報を統合して，児童生徒の状態をアセスメントし，ケアを行う。

　また，医療的ケア看護職員は児童生徒の学習目標を確認し，医療的ケアを通して教育を支える。医療的ケア看護職員として学校教育を支えるために

は，「子ども自身が学習目標を達成することそのものを，看護師自身の達成すべき看護目標とイコールとすることで，看護師の関わりは『教育を支える看護』となる。それがまさに，教職員と看護師が協働して子どもの学びを支えている環境といえる」[9]。

5.4.3　医療的ケア看護職員が働き続けられるために

(1) 医療的ケア看護職員の位置づけと支援体制

　学校では医療的ケア看護職員等も児童生徒の教育を教職員と共に担っていくチームの一員である。医療的ケア看護職員は，学校における医療的ケアの提供体制や医療的ケア看護職員の責任範囲について，学校への入職時に正しい知識を得ることが大切である。例えば，学校で医療的ケア看護職員等及び認定特定行為業務従事者である教職員が医療的ケアを行う場合，個々の児童生徒の1つ1つの医療的ケアに医師の指示が必要である。また，医療的ケア看護職員が学校で日々行う医療的ケア等は，保護者が家庭内で日常的に実施している技術に限る。このように，「教育の場である」学校での看護や医療的ケア看護職員としての役割発揮の在り方は，「医療の場である」病院とは異なるため，特に入職時の医療的ケア看護職員は戸惑いやすい。また，学校では医師不在の状況で，医療的ケア児は重症化の一途をたどっており，責任を果たせるのか医療的ケア看護職員は不安を抱きやすい。医療的ケア看護職員及び関係職種が，学校における互いの役割と医療的ケア提供体制を理解し，児童生徒一人一人の教育の充実を目指して協働できるよう支援が必要である。そのためには，指導的な役割を担う看護師のサポートや養護教諭との連携，学校医や医療的ケア指導医，主治医，児童生徒が利用する訪問看護ステーションの医療的ケア看護職員等に相談・情報交換ができる体制づくりが重要である。校内の関係職種が互いの役割を理解するため，日々の医療的ケアで悩んでいる状況について合同の事例検討会をする方法もある。

(2) 医療的ケア看護職員の研修・スキルアップなど

　指導的な役割を担う看護師は，日頃の医療的ケア看護職員からの相談内容と関連づけて，安価に参加できる研修を紹介したり，近隣の看護系大学の教

員と連携して，医療的ケア看護職員が希望するテーマについて相談できる巡回看護師研修の例もある[10]。人工呼吸器等の医療機器関連は，業者に研修依頼をすると，デモ機を用いて詳しく教えてもらえる。最近は Web 研修も増えており，医療的ケア看護職員同士で紹介し合って学ぶことも可能になっている。

　医療的ケア看護職員等は，日常的なケア技術と，緊急時の技術提供の両方についてスキルアップを図る必要がある。例えば気管カニューレの事故抜去時に備え，定期のカニューレ交換日に主治医訪問の日程を合わせ，カニューレ交換の見学や，主治医の見守りの下で医療的ケア看護職員が手技を実施できる機会をつくるなど，保護者の協力を得てスキルアップに取り組む方法がある。確かな知識を得て，実技を体験することは，医療的ケア看護職員の実践力を高め，不慣れな医療的ケアへの不安軽減に役立つと思われる。

引用文献

1）文部科学省　（2019）　令和元年度学校における医療的ケアに関する看護師研修会（令和元年12 月 26 日）．資料 1.【行政説明】学校における医療的ケアの現状と学校に勤務する看護師の役割について．
https://www.mext.go.jp/content/20200610-mxt_tokubetu02-000007673_01.pdf（確認日：2023/2/20）
2）文部科学省初等中等教育局長　（2019）　学校における医療的ケアの今後の対応について（通知）．30 文科初第 1769 号．平成 31 年 3 月 20 日．
https://warp.ndl.go.jp/info:ndljp/pid/11402417/www.mext.go.jp/b_menu/hakusho/nc/1314510.htm（確認日：2023/5/30）
3）文部科学省　（2018）　看護師による気管カニューレの事故抜去等の緊急時における気管カニューレの再挿入について．
4）日本小児医療保健協議会重症心身障害児（者）・在宅医療委員会　（n.d.）　小児の気管切開ケアとカニュレ交換の実際．小児在宅医療実技講習会マニュアル．
https://www.jpeds.or.jp/modules/news/index.php?content_id=346（確認日：2023/2/20）
5）日本訪問看護財団　（2020）　学校における医療的ケア実施対応マニュアル—看護師用—．（文部科学省 令和元年度 学校における医療的ケア実施体制構築事業）
https://www.jvnf.or.jp/home/wp-content/uploads/2020/07/caremanual1-1.pdf（確認日：2023/5/30）
6）日本小児看護学会すこやか親子 21 推進事業委員会　（2010）　「特別支援学校に勤務する看護師の支援」プロジェクト：特別支援学校看護師のためのガイドライン；学校に勤務し医療的ケアを担うあなたの第一歩を支えます（改訂版）．
7）全国特別支援学校肢体不自由教育校長会 編　（2011）　障害の重い子どもの指導 Q & A—自立活動を主とする教育課程—．ジアース教育新社．p. 225.

8）岩切裕司　（2013）　二分脊椎の生徒に対する自己導尿確立に向けた効果的なアプローチに関する実践研究—医療的ケアと自立活動の指導を密接に関連付けた事例—．筑波大学特別支援教育研究，7，77-86.

9）植田陽子　（2021）　教育機関で子どもと家族を支えるベストプラクティス．小児看護，44(7)，849-855.

10）二宮啓子　（2019）　看護系大学が取り組む医療的ケアを担当する看護師支援．小児看護，42(10)，1293-1298.

第6章

医療的ケア児とその家族に対する支援

【本章のねらい】

　医療的ケア児とその家族がその子らしく，その家族らしく生活を営んでいくためには，学校においても医療的ケア児を含む家族全体を捉え，家族と各家族員の体験を理解し，それぞれの体験に寄り添いながら支援を行う必要がある。ここでは，医療的ケア児とその家族全体を理解するための捉え方，家族の体験を理解するための視点，支援のあり方について理解する。

6.1　医療的ケア児とその家族を取り巻く現状と課題

6.1.1　医療的ケア児とその家族を取り巻く現状

　医療技術の進歩に伴い医療的ケア児が増加するとともにその実態が多様化し，医療的ケア児及びその家族が個々の医療的ケア児の心身の状況等に応じた適切な支援を受けられるようにすることが重要な課題となっている[1]。

　このような社会状況をふまえ，2016 年に児童福祉法が改正され，医療的ケア児に対する充実，保健，医療，福祉その他の各関連分野の支援の充実等が示された[2]。さらに 2021 年には医療的ケア児支援法が制定された[3]。本法律の基本理念では，医療的ケア児とその保護者の意思を最大限に尊重した施策や，居住地域にかかわらず等しく適切な支援を受けられる施策など，医療的ケア児とともにその家族を支援の対象として施策を講ずることが明示されている。本法律をふまえると，医療的ケア児とその家族をケアの対象として捉え，それぞれの意思を最大限尊重した日常生活における支援や多職種連携

のもとでの切れ目のないケア体制の充実，相談体制の整備等の支援が学校において求められているといえる。

6.1.2　医療的ケア児とその家族の生活の実態と抱える困難

　厚生労働省の令和元（2019）年度障害者総合福祉推進事業として行われた「医療的ケア児者とその家族の実態調査」では，家族の生活の実態や抱える困難が報告されている[4]。本調査によると，医療的ケア児の支援サービス・制度がよくわからない状況にあるかという問いに対して，「当てはまる」と「まあ当てはまる」と回答した割合の合計は 45.1％であった。その状況を改善するために必要なサービスとして「相談支援」を求める割合が 77.0％で最も高く，タイムリーな情報提供，相談体制の整備の重要性がうかがえる。また，家族の抱える生活上の悩みや不安等の状況について，「当てはまる」と「まあ当てはまる」と回答した割合の合計が 6 割を超えていた内容として，「慢性的な睡眠不足である」（71.1％），「いつまで続くかわからない日々に強い不安を感じる」（70.4％），「自らの体調悪化時に医療機関を受診できない」（69.7％），「日々の生活は緊張の連続である」（68.0％）が挙げられていた。急病や緊急の用事ができたときに，医療的ケア児の預け先がない状況にあるかについては，「当てはまる」と「まあ当てはまる」と回答した割合の合計は，82.7％と高率であった。その他，就労ができず，経済的な負担が大きい状況やきょうだい児のいる家庭では，きょうだい児の用事に時間を割けない状況，きょうだい児にストレスが生じている状況が報告されており，家族員間の関係や家族全体の生活への影響がうかがわれた。

　学校における保護者等の付添いの状況に関しては，特別支援学校に通学する医療的ケア児では 51.9％，幼稚園，小・中・高等学校に通学（園）する医療的ケア児では 66.0％の保護者等が医療的ケアを行うために付添いを行っていることが示されている[5]。その理由として特別支援学校では，「看護師や認定特定行為業務従事者はいるが学校・教育委員会が希望しているため」が 34.2％で最も多い。幼稚園，小・中・高等学校では，「看護師が配置されていない及び認定特定行為業務従事者がいないため」が 60.5％で最も多くなっている。

　また医療的ケア児の家族は，毎日の医療的ケアや病気管理などにより，休息する時間や自由になる時間がなくなったり，自らの健康管理ができなくなったりするなど，日常生活における当たり前の営みの遂行が難しい状況となり，日常生活上での様々な困難が生じている。学校への付き添いに伴う負担の大きさについても示唆されている。医療的ケア児の家族が孤立せず充実した生活を営むためには，学校のみならず広く社会としての取り組みが必要である[6]。学校において，医療的ケア児と共に生活する親やきょうだいなど生活者としての家族員一人一人，そして家族全体の視点から現状を捉え，理解を深める同時に，地域の中での保健・医療・福祉・教育等の関係機関とともに家族への支援を行っていくことが求められている。

6.2　家族システム理論を基盤とした家族の捉え方

6.2.1　家族システムの考え方

　家族を1つのまとまりをもったシステムとして捉え，その内外との相互作用に注目した見方が，「一般システム理論」を基盤とした考え方がある。家族とは複数の個人が相互に関連し合って形成されているシステムであり，内部に夫婦サブシステム，母子・父子サブシステム，同胞（きょうだい）サブシステムなどの小さなシステムを内包し，家族システムの上位システムは，地域・社会であると捉えることができる[7]。家族システムの視点から家族を全体として捉えることは，地域社会の中で生活する家族の独自性を理解する上でも有用である[7]。これを図で示すと，図6.1のようになる。

6.2.2　家族システムを基盤としたアセスメントの視点

　家族システムの特徴を基本とした健康な家族システムの要件として，「オープンシステムである」「家族の内的境界が明確である」「適応したシステムである」「明確なコミュニケーションフィードバックをもっている」が示されている[7]。これらの視点をふまえ，養護教諭として，医療的ケア児と共に生活する家族に対して，表6.1のような視点からアセスメントすることができる。

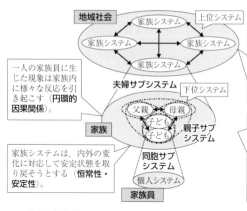

家族を一つの家族システムとしてみた場合，家族は地域社会（上位システム）に包含され，個々に境界を有している（**境界**）。家族のありようは，地域社会のあり方を反映すると同時に，家族内部の夫婦・親子・同胞（きょうだい）といった下位システム（サブシステム），そして個々の家族員の現状を映し出す。家族は階層性をもち，地域社会や家族員と相互作用しながら，家族としての機能を発揮している（**階層性**）。

一人の家族員に生じた現象は家族内に様々な反応を引き起こす（**円環的因果関係**）。

家族システムは，内外の変化に対応して安定状態を取り戻そうとする（**恒常性・安定性**）。

個々の家族員は家族システムの部分であり，相互に依存し合っている（**相互依存性**）。したがって，家族員の誰かに何らかの変化が生じたとき家族全体に影響を及ぼし，家族全体の変化となって現れる（**全体性**）。家族員の相互作用には相乗効果があることから，家族全体の機能は，個々の家族員の機能の総和以上のものになる（**非累積性**）。

∥ 図 6.1 ∥
家族システムの視点から捉えた家族の特徴
出典）池添[8]

∥ 表 6.1 ∥
家族システムを基盤としたアセスメントの視点

- 家族は，学校や地域の人々とどのような交流を行っているであろうか？
- 家族は，必要な教育医療保健福祉機関と情報交換や具体的な支援，交流を行っているだろうか？　交流が少なく，閉鎖的になっていないだろうか？
- 家族員個々（母子，父子，父母，きょうだい等）のつながりや関係はどうだろうか？　距離は適切だろうか？
- 家族は様々な出来事に対して，柔軟に適応できているだろうか？
- 問題が生じたときの話し合いは十分できているだろうか？　家族員同士で共感的なコミュニケーション，フィードバックができているだろうか？

出典）野嶋[7]

　医療的ケアの必要な子どもとともに生活する家族は，様々な状況や課題に直面することが予測され，家族システム全体に様々な影響が生じる。個人－家族－地域の全体の中で家族を1つのシステムとして捉えることにより家族の全体像を描くことができる。養護教諭は，家族の地域とのつながりや適応力，家族員同士の関係性などについてアセスメントし，支援することが可能となる。

6.3　医療的ケア児とその家族の体験

　家族の一員が病気になると，家族はさまざまな体験をする。その体験は家族によって異なり，一つの家族の中でも，各家族員の価値観や立場，病気を持つ家族員との関係性などによって違ってくる。家族としての病気体験と各家族員の病気体験を理解し，それぞれの体験に寄り添い，家族の言動の意味を読み解きながら，家族のありのままの体験を理解していくことが支援を行う上での基盤となる[9]。家族を家族員，二者関係，家族システム，地域システムの中の家族という4つのレベルから捉え，それぞれの視点に立って体験を把握していく。家族の体験を理解するための視点として，家族の病気の捉え，家族の情緒的反応，家族の生活への影響，家族のニーズなどが挙げられる[9]。

6.3.1　家族の病気の捉え

　家族が子どもの健康状態や病気の状態をどのように捉えているかを把握する。例えば，

- 病状をどのように捉えているのか
- 子どもに医療的ケアが必要な現状をどのように捉えているのか
- 子どもの将来についてどのように捉えているのか
- どのような療養行動が必要であると捉えているのか

などの視点から家族の体験を理解する。特に学校においては，家族と協働していく上で，学校における医療的ケア体制への理解と医療的ケア児の健康状態の共有が必要となる[10]。

　学校における医療的ケア体制については，学校側からの説明や自ら収集した情報を踏まえて家族自身がどのように解釈し，理解しているかを把握することが重要である。家族は教職員からの説明をそのまま理解しているとは限らず，自分たちの持つ知識や過去の経験，価値観などと照らし合わせて独自の解釈や意味づけを行い，その家族なりの理解をする。そのため家族の語りを引き出しながら把握していく必要がある。また，家族内での認識は一致しているか，ずれが見られる場合，どのような点がどの程度ずれているのかを

把握し，家族内のどの範囲で，どのように共有されているかを理解すること
も重要である。

6.3.2　家族の情緒的反応

　家族員の誰かが突然病気になったり，事故や災害に遭ったりすることに
よって，家族は多くの困難に直面し，様々な感情を抱く。子どもに医療的ケ
アが必要になるという突然の衝撃的な体験は，家族に情緒的混乱をもたら
し，表6.2に示したような，様々な情緒的反応を示す。

　「迷い・戸惑い」は，現状に対して同様している家族の姿である。教職員
に対して，何度も同じことを質問したり，どうしてよいかわからないと困り
ごとを言ったりするなどの反応としてもみられる。時にはやり場のない「怒
り」が教職員に向けられることもある。「将来への不安・不確かさ」には，
終わりの見えない長期のケアに対するものや親が亡くなった後の不安，そし
て経済面への不安もある。医療的ケアを実施することの怖さから，「ケアの
自信のなさ」も生じやすい。

　子どもが病気を持ったのは自分のせい，健康な体に産んであげられなかっ
たといった「自責感・無力感」も表れることがある。特に母親は，わが子を
健康に産めなかったという「自責の念」から解放されない時間の中で，子ど
もの成長を見守り続けている[11]。何気ない励ましのつもりの言葉かけが，逆
に親として何もできていない，役割を果たせていないなどという「自責感・
無力感」につながる場合もある。また病気によって子どもや家族の将来を
失ってしまう，描いていた生活設計が崩れてしまうなどの様々な「喪失感」
を体験することがある。さらに，子どものために何もできない，何もする気
がしないなどの「抑うつ」反応が見られることもある。

　他の子どもや教職員に迷惑をかけるのではないかといった「周りへの気兼
ね」や，「周りの理解のなさの実感」を抱き，頼る人はいない，こんな気持
ちは私たちだけ，誰にもわからないというような「孤立感」も抱きやすい。
病気管理中心の生活で周りとのつながりが希薄化したり，ケアを担う母親が
他の家族員にその気持ちを理解してもらえないことから「孤立感」を抱いた
りすることも多い。命に直結する医療的ケアを毎日，24時間担うため，「子

■ 表6.2 ■
家族の情緒的反応

---

①迷い・戸惑い
　「どのように接していいのか，わからない。」（その他の同居者）
　「受けられるサービスがどういったものがあるのかわからない。」（母親）
②怒り
　「常に気が張った状態でイライラがおさまらない。」（母親）
　「24時間ずっと付きっきりで正直ストレスが溜まり，子どもに当たってしまうときがある。」（母親）
③将来への不安・不確かさ
　「自分に何かあった時に安心して預ける先がないし，家族も高齢であてにできないので，そういう時にどうしたらいいのかわからないのが常に不安。」（母親）
　「自分一人の収入しかない上に入院，手術，付き添い費などがかかり家計を圧迫している。」（父親）
④ケアの自信のなさ
　「自宅での医療的ケアを全部覚えてこなすのは無理。」（父親）
⑤自責感・無力感
　「他のきょうだい児のための時間がとれないのが悲しく思う。」（父親）
　「何をするにも時間がない。お世話と食事の支度で1日が終わる。」（母親）
⑥喪失感
　「今後の人生プラン（持ち家等）をたてることができない。」（父親）
　「学校での付き添いが必要なため共働きが難しい。」（母親）
⑦抑うつ
　「医療的ケアを始めて10年，精神的にしんどくなってきた。」（母親）
　「慢性的な不眠でとてもきつい。」（母親）
⑧周りへの気兼ね
　「外出もみんなでしたいが，周りの目がやっぱり怖い。」（母親）
　「友達を家に呼べない。」（きょうだい）
⑨周りの理解のなさの実感
　「職場でこういう家庭の実態がわからないため，理解がなかなかしてもらえない。」（父親）
⑩孤立感
　「毎日子どものケアにあたって，徐々に社会から孤立している感じがする。」（母親）
　「いつも，ひとりぼっちか，後回しにされる。」（きょうだい）
⑪子どもから目を離せないことによる負担感
　「命の危険と隣り合わせで，目が離せない。」（母親）
　「歩けるので家にいるときは一時も目が離せない。」（母親）

注）カギカッコで示した部分は，厚生労働省[4]の報告書からの抜粋である。

どもから目が離せないことによる負担感」も抱きやすい。

　家族は，様々な苦悩を抱きながらも，病気体験を通して，家族なりの意味づけをしたり，家族としての自信を取り戻したりすることもある[12]。養護教諭は，家族が抱く様々な情緒的反応を理解するとともに，病気体験の中にも家族なりの病気体験への意味づけや，希望を見いだすことができるよう支援することや，否定的な感情をありのままに受け止めて共感的に理解して関わっていくことが求められる。

6.3.3　家族の生活への影響

　子どもが病気になることで，家族の生活は様々な影響を受ける。日々の医療的ケアを行うことによって，家族は病気管理や医療機器を取り扱うことに伴う身体的・精神的負担，日常生活の乱れなど生活上の困難が生じる。また，同居家族にきょうだい児が含まれる家族においては，「きょうだい児がストレスを抱えているように感じる」「きょうだい児の授業参観や学校行事に参加できない」「きょうだい児の用事（予防接種等）にあてる時間がない」など，きょうだい児の子育てへの影響も報告されている[4]。そして，医療的ケア児を連れての外出は困難となり，人との交流の狭小化が生じやすい。ケアに伴う気持ちのずれなどから家族内で否定的感情が出現するといった対人関係上の困難，経済的負担などのマイナスの影響が生じる可能性もある。一方では，子どもの病気体験を通して，家族としての成長や関係性の深まり，親としての存在価値の再認識や地域の人々とのつながりの強化など，プラスの影響も見られることもある。そうした病気から生じる影響をプラスとマイナスの両面から捉え，家族の支援につなげていくことが必要である。

6.3.4　家族のニーズ

　子どもが病気を持つことによって，家族は病気や，医療的ケア児と共に生活していくために様々なニーズを抱くようになる。家族のニーズは，子どもの病気や病状，病気の経過など，家族が直面する状況や抱える問題の質や量，病気の捉えによっても異なってくる。家族の発達段階によっても異なる。ニーズは主観的なものであり，主体的な存在である家族のニーズを把握

する際，家族のこれまでのあり様や関係性など，家族固有の歴史を踏まえて
おくことが重要である。そして，家族がどのような生き方をしてきたのか，
今後どのような生き方を望んでいるのかといった独自のニーズを捉えていく
ことが求められる[9]。障害児を持つ親の一般的なニーズとしては，表6.3に
示したようなものが示されている。

　家族と接する限られた時間の中で，養護教諭は想像力や推察力を働かせな
がら，家族のニーズを描き，言動の背景にあるニーズを引き出す関わりを
行っていく必要がある。そして，子ども個人の視点から，同時に親子関係や
きょうだい関係などの二者関係，家族全体にも視点を向けながら家族のニー
ズを把握していく。さらに家族を学校や地域との関係性を踏まえて捉え，地
域システムの中での家族のニーズを理解していく。すなわち個人 – 家族 – 地

▌ 表6.3 ▌
障がいのある子どもをもつ親の一般的なニーズ

障がいの現状・情報に対するニーズ	障がいについての情報・治療法を知りたい
障がいの療育方法に対するニーズ	障がいのある子どもの育て方を知りたい この子にもっといい療育方法を知りたい
子どもの役に立ちたいというニーズ	障がいによる影響を最小限にしたい 子どもの成長発達を助けたい 子どもにとって最善のことをしてやりたい
身体的なケアにかかわるニーズ	子どものケアをしたい 最善の訓練を受けさせたい
希望に対するニーズ	子どもが順調に成長発達してほしい 子どもの病気・障がいが治ってほしい 子どもの障がい・症状がこれ以上悪くならないでいてほしい
肯定的フィードバックのニーズ	子どもなりの成長発達を一緒に喜んでほしい
気遣われるニーズ	気にかけてほしい ねぎらいの言葉をかけてほしい
感情を表出したいニーズ	気持ちを聞いてほしい，わかってほしい
居場所のニーズ	普通に過ごせる居場所がほしい
障がいに対する理解へのニーズ	障がいのある子どもやその生活を知ってほしい 差別や偏見をもたないでほしい 特別扱いしないでほしい，普通に接してほしい

出典）濱田[17]

域のダイナミズムの中で家族のニーズを描き，複眼的視点をもって家族の
ニーズを捉えていくことが必要である[14]。また，医療的ケア児の成長発達に
伴う時間の経過の中で，学校に対する家族のニーズは変化する。家族のニー
ズを柔軟に捉え直しながら，刻々と変化する家族のニーズに沿っていく姿勢
が求められる。

6.4　学校における医療的ケア児とその家族に対する支援

　家族は，主体的な存在であり，家族自身の力で様々な状況を乗り越えてい
くことができる集団である[15]。しかし，病気や医療的ケアに伴う様々な困難
に直面し，家族の力で解決できない状況にあるときは，医療的ケア児を含む
家族を支援していくことが必要となる。

6.4.1　信頼関係の形成と意思決定の支援

　医療的ケア児とその家族のありのままの体験を共感的に理解し，医療的ケ
ア児と家族とのパートナーシップに基づいた信頼関係を形成することが支援
の基盤となる。医療的ケア児とその家族は自己決定する力を有していること
を念頭に置き，医療的ケア児とその家族の権利を尊重し，意思決定できるよ
うに支援する。

　例えば，就学や進学，就職の際の学校の選択における意思決定や，学校生
活の中でのケアのあり方，医療的ケア児の病気についての他の児童生徒への
情報開示の方法と説明内容等について，医療的ケア児とその家族の意思を尊
重し，納得した意思決定になるように支える。また，他の専門職者と協働し
ていく際にも，家族の意向を確認した上でつないでいくようにする。家族と
共に学校でのケア方法やケア体制等について話し合う場を持ち，役割調整を
含め，家族の意思を尊重した選択，決定ができるように支える。

　家族は，長年の歴史の中で培ってきたものの見方や感情，行動様式，判断
基準など独自の価値観を持っている。様々な状況に対して主体的に意思決定
していくことができるよう支援する。医療的ケア児がその子らしく学校生活
を送っていくことができるよう，支援のあり方についても家族と共に考え

る。そして，家族と共に歩む姿勢を持ちながら，家族の価値観を尊重した家族らしい意思決定ができるように支援することが重要である。

6.4.2　セルフケアの強化と日常生活の支援

セルフケアとは，「人が生命や健康，そして幸福を維持していくうえで自分のために活動を起こし，やり遂げること」である[16]。家族のセルフケアとは，家族が家族員の健康を保持，増進させ，家族として健康的な家族生活の実現に向けて取り組む，家族としての主体的な営みとして捉えることができる。

医療的ケア児の親は，毎日の医療的ケアや病気管理などにより，日々の食事摂取が困難になったり，休息する時間がなくなったり，自らの健康管理ができなくなったりするなど，様々なセルフケア行動への影響が予測される。家族と会った際に，医療的ケア児とその家族の食生活や睡眠時間，余暇時間，体調などを話題にして，日常生活の様子を把握する。医療的ケアや日常生活援助に対しての親の取り組みを尊重しながら，家族としての時間を持ち，ケアとの調整をしていくことができるよう具体的な方法を共に考えながら，家族としての日常生活の維持を支える。

家族に対して，時には子どものケアから離れて距離を持つこと，時間的・精神的ゆとりを持つことが子どものケアと子育てを継続していく上でも必要であることを伝える。生活を楽しめる日課，これまで大切にしてきた習慣等を組み込んだ家族としての普通の生活を営むことができるよう支えていくことが重要である。

また医療的ケア児に対しても，学校における病状の変化を捉えながら，家族や主治医，医療的ケア看護職員等と協働し，子どものセルフケア行動の習得と意欲を支える。医療的ケアの管理を含むセルフケア行動について，医療的ケア児のできることを増やしていき，その子の頑張り，成長を認め，肯定的フィードバックを行う。学校での日中活動を整えることで，子どもの生活リズムが整い，家族の生活が安定することもある[10]。医療的ケア児にとって失敗体験にならないよう，できることからスモールステップで取り組めるように支える。

6.4.3 情緒的支援の提供と家族の心の安定の支援

養護教諭として，医療的ケア児とその家族の気持ちの揺れを受けとめ，共感的姿勢で関わる。家族との関わりの際につかんだ家族の潜在的ニーズに対してタイミングを逃さないよう応えていくようにする。また学校での医療的ケア児の様子を経時的に伝え，共有したり，必要な事柄について情報を提供したりするなど，常に誠実な態度を示し支援を行う。医療的ケア児とその家族に関心と思いを注ぎ，学校でのほんの小さな変化や努力に気づき，それをその子と家族の良さ，強みとして意味づけしてフィードバックしていく。医療的ケア児のできるようになったことを親に伝え，共有することで，親はわが子の成長を実感できたり，子育ての喜びを感じられたりできるようになり，心の安定にもつながる。そして聞きたいことが気軽に，いつでも聞ける保健室の雰囲気づくりを行ったり，いつでも相談相手になることを伝えたりして，医療的ケア児とその家族がリラックスできる時間や余裕が持てるように働きかける。

また，家族の育児への自信を支え，心の安定を図るためには，養護教諭として日々の医療的ケアへの取り組み，わが子への関わりに対してねぎらい，わが子の成長発達に役立っていることを伝えるなど，家族のできていることを家族の強みとして言葉で伝えていく。家族が学校に来た際には，体調を気遣う声かけや医療的ケア児の病気管理に取り組んでいることに対するねぎらいの声かけをするなどの日頃からの情緒的支援が重要である。

6.4.4 家族の発達課題の達成と家族形成の支援

医療的ケア児と共に生活する家族は，子どもの病気管理等を行いながら，きょうだい児を含めた子どもの社会化や親子関係の調整，親役割の獲得等に取り組んでいる。養護教諭として，医療的ケア児の健康の保持増進を図る上で家族周期上の発達課題の達成を促すような予防的，教育的な働きかけが必要である[8]。「生活ステージが変わる際に，子どもの生活の場が確保できるか心配。自分が体調を崩すと子どもが療育やリハに行けなくなり，発達の機会を奪ってしまうので，子どもが自立して生活できる環境を整えたい（保育園や幼稚園のような形）」との語り[4]のように，特に発達段階における移行

期には家族は新たな発達課題に直面しやすい。医療的ケア児の成長発達の支援について家族と共に考え，医療的ケア児とその家族の発達課題の達成を支援していくことが求められる。例えば，授業の様子や他の児童生徒との関わりの様子，日々の子どもの変化など学校生活の中でのわが子の成長を親が実感できるような場面，エピソードを言語化して伝える。子どもの心身の発達，親役割の遂行を肯定的にフィードバックする。

　医療的ケア児とその家族にとって，安全で安心できる学校環境を整え，医療的ケア児がその子なりの発達課題を達成していくための基盤となる身体的健康や情緒的安定，日常生活習慣の自律，社会性などを育むよう支援していくことが重要となる。またきょうだい児への影響を踏まえ，親がきょうだい児とも過ごせる時間を持ち，育児を両立できるよう支える。

6.4.5　学校内での安全な医療的ケア環境の調整

　学校で安全に医療的ケアを実施するため，医療的ケア児の健康状態，医療的ケアの内容や頻度，想定される緊急時の対応などについて，あらかじめ家族と情報共有しておく。学校で実施可能な医療的ケアの範囲について，家族と学校の双方で共通理解を図るとともに，医療的ケア児の病気管理や緊急時の対応方法，学校生活上留意してほしいことなど，家族の希望をくみ取りながら情報共有する。入学前から家族や関係機関の専門職等を交えた事前に話し合いの場を持ち，支援の方向性，役割分担について合意しておく。学校における医療的ケアの実施体制と医療的ケア看護職員，養護教諭の役割について十分説明し，理解を求めることが必要となる[10]。

　家族と協働していく上で，医療的ケアに関する窓口となる教職員を定め，入学時から相談を受けられる体制を整備する[10]。リーフレットを活用するなど，家族が具体的にイメージできるようにわかりやすく説明する。家族のニーズも子どもの病状や発達段階，家庭の状況等によって異なるため，柔軟に家族のニーズを捉えながら家族との協働関係を築いていくようにする。必要時には，同意を得た上で他の専門職者と連絡をとり，医療的ケア児の対応について協働して取り組むようにする。家族，学校，保健医療福祉の相互に話し合う場をもつよう調整するなど，日頃からの関係づくりも重要である。

6.4.6　専門職者との協働・連携のコーディネートと地域とのつながりの支援

　医療的ケア児とその家族の生活には，日常的に医療・福祉・保健・教育等の多職種が関わっている。また医療的ケア児の健康状態・医療的ケア・家族状況によって個別性が高く，地域状況に合わせた，組織・体制づくりが求められる[10]。一方，地域連携のコーディネーターが不在のことがあり，社会資源は地域によっても異なり，家族が自分で地域の社会資源を探したり，交渉・調整したりするなどの現状にある[10]。医療的ケア児の成長発達を促す学校において，養護教諭は家族と協働しながら，学校の情報を発信し，他の専門職者との協働におけるコーディネーターとしての役割を果たしていくことが求められる。家族のニーズを捉えながら，必要な社会支援の活用を家族が主体となりながら活用していくことができるよう他職種と共に支援していく。

　まずは医療的ケア児とその家族を地域の生活者として地域－家族－個人の中で位置づけ，理解し支援していくことが重要となる。地域は，社会的存在である医療的ケア児とその家族の共同生活の場であり，ヘルスプロモーションの場である[8]。学校においても，医療的ケア児とその家族の支援，健康の保持増進を図っていく上で生活の場である地域の理解が不可欠である。コーディネーターとしての養護教諭を中核としながら学校を組織するすべての教職員と地域の専門職者が情報連携，行動連携，役割連携を強化し，子どもの健康と安全を守り，生きる力を支えていくことが求められている[17]。医療的ケア児とその家族に関わる主な機関や職種を図6.2に示す。

　医療的ケア児とその家族を多職種で支えていく上で，医療的ケア児を含む家族を中心として，家族の価値観，ニーズを共有しながら支援体制をつくっていくことが重要である。また，医療的ケア児と共に生活する家族は，医療的ケアが生活の中心となり，社会とのつながりが狭小化し，孤立しやすい。学校を基盤とした地域の中で，家族が人とのつながりを持ちながら生活していくことができるよう支える。同じ経験や，同じ病気の子どもを持つ家族とのつながる場づくりを支えることも大切である。人とつながる場づくりを他の専門職者と相談しながら整えてつくっていくことが求められる。

　医療的ケア児に関わる教育機関は，幼稚園などから小学校，中学校，高校

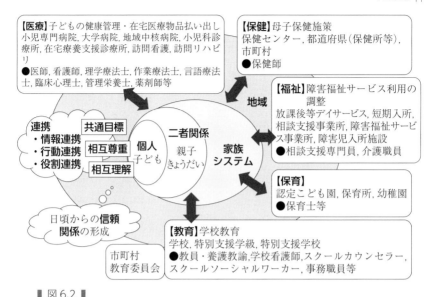

図 6.2

個人 – 家族 – 地域のダイナミズムの中で子どもと家族を捉え，支える連携体制
出典）日本訪問看護財団[10]

　などと変わっていき，医療機関も，小児を専門としていた病院から，成人を対象とする病院に引き継がれていく[10]。移行期は新たな健康課題も生じやすい。チーム学校として，医療的ケア児とその家族をケアの対象として支え，継続的な支援体制を構築していくことが重要である。

引用文献

1）内閣府子ども・子育て本部統括官，文部科学省初等中等教育局長，厚生労働省医政局長，厚生労働省子ども家庭局長，厚生労働省社会・援護局障害保健福祉部長（2021）医療的ケア児及びその家族に対する支援に関する法律の公布について（通知）．府子本第 742 号／ 3 文科初第 499 号，医発 0618 第 1 号，子発 0618 第 1 号，障発 0618 第 1 号，令和 3 年 6 月 18 日．
https://www.mhlw.go.jp/content/000801676.pdf（確認日：2023/2/23）
2）厚生労働省医政局長，厚生労働省雇用均等・児童家庭局長，厚生労働省社会・援護局障害保健福祉部長，内閣府子ども・子育て本部統括官，文部科学省初等中等教育局長（2016）医療的ケア児の支援に関する保健，医療，福祉，教育等の連携の一層の推進について（通知）．医政発 0603 第 3 号，雇児発 0603 第 4 号，障発 0603 第 2 号，府子本第 377 号，28 文

科初第 372 号，平成 28 年 6 月 3 日．
https://www.mext.go.jp/content/20200525-mxt_tokubetu02-000007449_10.pdf（確認日：2023/4/4）

3）厚生労働省　（2021）　「医療的ケア児及びその家族に対する支援に関する法律」について．
https://www.mhlw.go.jp/content/12601000/000794739.pdf（確認日：2023/4/4）

4）三菱 UFJ リサーチ＆コンサルティング　（2020）　医療的ケア児者とその家族の生活実態調
査報告書（厚生労働省令和元年度障害者福祉推進事業）．令和 2（2020）年 3 月．
https://www.mhlw.go.jp/content/12200000/000653544.pdf（確認日：2023/5/1）

5）文部科学省初等中等教育局特別支援教育課　（2022）　令和 3 年度学校における医療的ケアに
関する実態調査結果（概要）．令和 4 年 7 月．
https://www.mext.go.jp/content/20220830-mxt_tokubetu01-000023938_2.pdf（確認日：2023/5/1）

6）竹鼻ゆかり　（2022）　学校における医療的ケア児を取り巻く現状と課題．学校保健研究，64
（3），207-211.

7）野嶋佐由美　（2005）　家族を理解するための理論や考え方．野嶋佐由美 監修・中野綾
美 編．家族エンパワーメントをもたらす看護実践．へるす出版，pp. 85-135.

8）池添志乃　（2022）　家族・学校・地域の理解と支援．遠藤伸子・池添志乃・籠谷恵 編．養
護教諭，看護師，保健師のための学校看護―すべての子供の健康実現を目指して（新版）
―．東山書房，pp. 22-25.

9）瓜生浩子・池添志乃　（2020）　家族の病気体験を理解する．中野綾美・瓜生浩子 編．家族
看護学―家族のエンパワーメントを支えるケア―．メディカ出版，pp. 36-54.

10）日本訪問看護財団　（2020）　学校における医療的ケア実施対応マニュアル―看護師用―．
（文部科学省 令和元年度 学校における医療的ケア実施体制構築事業）
https://www.jvnf.or.jp/home/wp-content/uploads/2020/07/caremanual1-1.pdf（確認日：2023/4/4）

11）北村千章　（2022）　医療的ケア児の現状と課題―小児看護の立場から―．学校保健研究，
64（3），216-225.

12）池添志乃　（2009）　認知症患者とともに生活する家族の「介護継続」を支えるケア―家族
の介護キャリア形成に向けて―．家族看護．7（1），32-38.

13）濱田裕子　（2010）　障害のある子どもと家族の権利を保障する看護．小児看護，33（1），56-
62.

14）池添志乃　（2013）　認知症の人とともに生活する家族を支える看護―「パーソン・セン
タード・ケア」を基盤として―．家族看護，21，10-19.

15）野嶋佐由美　（2005）　家族看護学と家族看護エンパワーメントモデル．野嶋佐由美 監修・
中野綾美 編．家族エンパワーメントをもたらす看護実践．へるす出版，pp. 1-15.

16）Orem, D. E.　小野寺杜紀 訳　（2005）　オレム看護論―看護実践における基本概念（第 4
版）―．医学書院．

17）矢野潔子　（2016）　協働・連携並びに組織活動．岡田加奈子・河田史宝 編．養護教諭のた
めの現代教育ニーズに対応した養護学概論―理論と実践―．東山書房，pp. 77-85.

付録①

令和3年法律第81号

医療的ケア児及びその家族に対する支援に関する法律

令和3（2021）年6月18日公布
令和3（2021）年9月18日施行

目次

第1章　総則

（目的）

第1条　この法律は，医療技術の進歩に伴い医療的ケア児が増加するとともにその実態が多様化し，医療的ケア児及びその家族が個々の医療的ケア児の心身の状況等に応じた適切な支援を受けられるようにすることが重要な課題となっていることに鑑み，医療的ケア児及びその家族に対する支援に関し，基本理念を定め，国，地方公共団体等の責務を明らかにするとともに，保育及び教育の拡充に係る施策その他必要な施策並びに医療的ケア児支援センターの指定等について定めることにより，医療的ケア児の健やかな成長を図るとともに，その家族の離職の防止に資し，もって安心して子どもを生み，育て

ることができる社会の実現に寄与することを目的とする。

（定義）

第2条　この法律において「医療的ケア」とは，人工呼吸器による呼吸管理，
喀痰吸引その他の医療行為をいう。

2　この法律において「医療的ケア児」とは，日常生活及び社会生活を営むため
に恒常的に医療的ケアを受けることが不可欠である児童（18歳未満の者及び
18歳以上の者であって高等学校等（学校教育法（昭和22年法律第26号）に
規定する高等学校，中等教育学校の後期課程及び特別支援学校の高等部をい
う。次条第3項及び第14条第1項第1号において同じ。）に在籍するものを
いう。次条第2項において同じ。）をいう。

（基本理念）

第3条　医療的ケア児及びその家族に対する支援は，医療的ケア児の日常生活
及び社会生活を社会全体で支えることを旨として行われなければならない。

2　医療的ケア児及びその家族に対する支援は，医療的ケア児が医療的ケア児で
ない児童と共に教育を受けられるよう最大限に配慮しつつ適切に教育に係る
支援が行われる等，個々の医療的ケア児の年齢，必要とする医療的ケアの種
類及び生活の実態に応じて，かつ，医療，保健，福祉，教育，労働等に関す
る業務を行う関係機関及び民間団体相互の緊密な連携の下に，切れ目なく行
われなければならない。

3　医療的ケア児及びその家族に対する支援は，医療的ケア児が18歳に達し，
又は高等学校等を卒業した後も適切な保健医療サービス及び福祉サービスを
受けながら日常生活及び社会生活を営むことができるようにすることにも配
慮して行われなければならない。

4　医療的ケア児及びその家族に対する支援に係る施策を講ずるに当たっては，
医療的ケア児及びその保護者（親権を行う者，未成年後見人その他の者で，
医療的ケア児を現に監護するものをいう。第10条第2項において同じ。）の
意思を最大限に尊重しなければならない。

5　医療的ケア児及びその家族に対する支援に係る施策を講ずるに当たっては，
医療的ケア児及びその家族がその居住する地域にかかわらず等しく適切な支
援を受けられるようにすることを旨としなければならない。

（国の責務）

第4条　国は，前条の基本理念（以下単に「基本理念」という。）にのっとり，
医療的ケア児及びその家族に対する支援に係る施策を総合的に実施する責務
を有する。

（地方公共団体の責務）

第5条 地方公共団体は，基本理念にのっとり，国との連携を図りつつ，自主的かつ主体的に，医療的ケア児及びその家族に対する支援に係る施策を実施する責務を有する。

（保育所の設置者等の責務）

第6条 保育所（児童福祉法（昭和22年法律第164号）第39条第1項に規定する保育所をいう。以下同じ。）の設置者，認定こども園（就学前の子どもに関する教育，保育等の総合的な提供の推進に関する法律（平成18年法律第77号）第2条第6項に規定する認定こども園をいい，保育所又は学校教育法第1条に規定する幼稚園であるものを除く。以下同じ。）の設置者及び家庭的保育事業等（児童福祉法第6条の3第9項に規定する家庭的保育事業，同条第10項に規定する小規模保育事業及び同条第12項に規定する事業所内保育事業をいう。以下この項及び第9条第2項において同じ。）を営む者は，基本理念にのっとり，その設置する保育所若しくは認定こども園に在籍し，又は当該家庭的保育事業等を利用している医療的ケア児に対し，適切な支援を行う責務を有する。

2 放課後児童健全育成事業（児童福祉法第6条の3第2項に規定する放課後児童健全育成事業をいう。以下この項及び第9条第3項において同じ。）を行う者は，基本理念にのっとり，当該放課後児童健全育成事業を利用している医療的ケア児に対し，適切な支援を行う責務を有する。

（学校の設置者の責務）

第7条 学校（学校教育法第1条に規定する幼稚園，小学校，中学校，義務教育学校，高等学校，中等教育学校及び特別支援学校をいう。以下同じ。）の設置者は，基本理念にのっとり，その設置する学校に在籍する医療的ケア児に対し，適切な支援を行う責務を有する。

（法制上の措置等）

第8条 政府は，この法律の目的を達成するため，必要な法制上又は財政上の措置その他の措置を講じなければならない。

第2章 医療的ケア児及びその家族に対する支援に係る施策

（保育を行う体制の拡充等）

第9条 国及び地方公共団体は，医療的ケア児に対して保育を行う体制の拡充が図られるよう，子ども・子育て支援法（平成24年法律第65号）第59条の2第1項の仕事・子育て両立支援事業における医療的ケア児に対する支援につ

いての検討，医療的ケア児が在籍する保育所，認定こども園等に対する支援
その他の必要な措置を講ずるものとする。

2　保育所の設置者，認定こども園の設置者及び家庭的保育事業等を営む者は，
その設置する保育所若しくは認定こども園に在籍し，又は当該家庭的保育事
業等を利用している医療的ケア児が適切な医療的ケアその他の支援を受けら
れるようにするため，保健師，助産師，看護師若しくは准看護師（次項並び
に次条第2項及び第3項において「看護師等」という。）又は喀痰吸引等（社
会福祉士及び介護福祉士法（昭和62年法律第30号）第2条第2項に規定す
る喀痰吸引等をいう。次条第3項において同じ。）を行うことができる保育士
若しくは保育教諭の配置その他の必要な措置を講ずるものとする。

3　放課後児童健全育成事業を行う者は，当該放課後児童健全育成事業を利用し
ている医療的ケア児が適切な医療的ケアその他の支援を受けられるようにす
るため，看護師等の配置その他の必要な措置を講ずるものとする。

（教育を行う体制の拡充等）

第10条　国及び地方公共団体は，医療的ケア児に対して教育を行う体制の拡充
が図られるよう，医療的ケア児が在籍する学校に対する支援その他の必要な
措置を講ずるものとする。

2　学校の設置者は，その設置する学校に在籍する医療的ケア児が保護者の付添
いがなくても適切な医療的ケアその他の支援を受けられるようにするため，
看護師等の配置その他の必要な措置を講ずるものとする。

3　国及び地方公共団体は，看護師等のほかに学校において医療的ケアを行う人
材の確保を図るため，介護福祉士その他の喀痰吸引等を行うことができる者
を学校に配置するための環境の整備その他の必要な措置を講ずるものとする。

（日常生活における支援）

第11条　国及び地方公共団体は，医療的ケア児及びその家族が，個々の医療的
ケア児の年齢，必要とする医療的ケアの種類及び生活の実態に応じて，医療
的ケアの実施その他の日常生活において必要な支援を受けられるようにする
ため必要な措置を講ずるものとする。

（相談体制の整備）

第12条　国及び地方公共団体は，医療的ケア児及びその家族その他の関係者か
らの各種の相談に対し，個々の医療的ケア児の特性に配慮しつつ総合的に応
ずることができるようにするため，医療，保健，福祉，教育，労働等に関す
る業務を行う関係機関及び民間団体相互の緊密な連携の下に必要な相談体制
の整備を行うものとする。

（情報の共有の促進）

第13条　国及び地方公共団体は，個人情報の保護に十分配慮しつつ，医療，保健，福祉，教育，労働等に関する業務を行う関係機関及び民間団体が行う医療的ケア児に対する支援に資する情報の共有を促進するため必要な措置を講ずるものとする。

第3章　医療的ケア児支援センター等

（医療的ケア児支援センター等）

第14条　都道府県知事は，次に掲げる業務を，社会福祉法人その他の法人であって当該業務を適正かつ確実に行うことができると認めて指定した者（以下「医療的ケア児支援センター」という。）に行わせ，又は自ら行うことができる。

（1）　医療的ケア児（18歳に達し，又は高等学校等を卒業したことにより医療的ケア児でなくなった後も医療的ケアを受ける者のうち引き続き雇用又は障害福祉サービスの利用に係る相談支援を必要とする者を含む。以下この条及び附則第2条第2項において同じ。）及びその家族その他の関係者に対し，専門的に，その相談に応じ，又は情報の提供若しくは助言その他の支援を行うこと。

（2）　医療，保健，福祉，教育，労働等に関する業務を行う関係機関及び民間団体並びにこれに従事する者に対し医療的ケアについての情報の提供及び研修を行うこと。

（3）　医療的ケア児及びその家族に対する支援に関して，医療，保健，福祉，教育，労働等に関する業務を行う関係機関及び民間団体との連絡調整を行うこと。

（4）　前3号に掲げる業務に附帯する業務

2　前項の規定による指定は，当該指定を受けようとする者の申請により行う。

3　都道府県知事は，第1項に規定する業務を医療的ケア児支援センターに行わせ，又は自ら行うに当たっては，地域の実情を踏まえつつ，医療的ケア児及びその家族その他の関係者がその身近な場所において必要な支援を受けられるよう適切な配慮をするものとする。

（秘密保持義務）

第15条　医療的ケア児支援センターの役員若しくは職員又はこれらの職にあった者は，職務上知ることのできた個人の秘密を漏らしてはならない。

（報告の徴収等）

第16条 都道府県知事は，医療的ケア児支援センターの第14条第1項に規定する業務の適正な運営を確保するため必要があると認めるときは，当該医療的ケア児支援センターに対し，その業務の状況に関し必要な報告を求め，又はその職員に，当該医療的ケア児支援センターの事業所若しくは事務所に立ち入らせ，その業務の状況に関し必要な調査若しくは質問をさせることができる。

2 前項の規定により立入調査又は質問をする職員は，その身分を示す証明書を携帯し，関係者の請求があるときは，これを提示しなければならない。

3 第1項の規定による立入調査及び質問の権限は，犯罪捜査のために認められたものと解釈してはならない。

（改善命令）

第17条 都道府県知事は，医療的ケア児支援センターの第14条第1項に規定する業務の適正な運営を確保するため必要があると認めるときは，当該医療的ケア児支援センターに対し，その改善のために必要な措置をとるべきことを命ずることができる。

（指定の取消し）

第18条 都道府県知事は，医療的ケア児支援センターが第16条第1項の規定による報告をせず，若しくは虚偽の報告をし，若しくは同項の規定による立入調査を拒み，妨げ，若しくは忌避し，若しくは質問に対して答弁をせず，若しくは虚偽の答弁をした場合において，その業務の状況の把握に著しい支障が生じたとき又は医療的ケア児支援センターが前条の規定による命令に違反したときは，その指定を取り消すことができる。

第4章　補則

（広報啓発）

第19条 国及び地方公共団体は，医療的ケア児及びその家族に対する支援の重要性等について国民の理解を深めるため，学校，地域，家庭，職域その他の様々な場を通じて，必要な広報その他の啓発活動を行うものとする。

（人材の確保）

第20条 国及び地方公共団体は，医療的ケア児及びその家族がその居住する地域にかかわらず等しく適切な支援を受けられるよう，医療的ケア児に対し医療的ケアその他の支援を行うことができる人材を確保するため必要な措置を講ずるものとする。

（研究開発等の推進）

第21条　国及び地方公共団体は，医療的ケアを行うために用いられる医療機器の研究開発その他医療的ケア児の支援のために必要な調査研究が推進されるよう必要な措置を講ずるものとする。

附　則

（施行期日）

第1条　この法律は，公布の日から起算して3月を経過した日から施行する。

（検討）

第2条　この法律の規定については，この法律の施行後3年を目途として，この法律の実施状況等を勘案して検討が加えられ，その結果に基づいて必要な措置が講ぜられるものとする。

2　政府は，医療的ケア児の実態を把握するための具体的な方策について検討を加え，その結果に基づいて必要な措置を講ずるものとする。

3　政府は，災害時においても医療的ケア児が適切な医療的ケアを受けることができるようにするため，災害時における医療的ケア児に対する支援の在り方について検討を加え，その結果に基づいて必要な措置を講ずるものとする。

付録②

平成 28 年 6 月 3 日
医政発 0603 第 3 号
雇児発 0603 第 4 号
障 発 0603 第 2 号
府 子 本 第 377 号
28 文科初第 372 号

（通知の宛て先と所管の府省庁名は省略）

医療的ケア児の支援に関する保健，医療，福祉，教育等の連携の一層の推進について

　「障害者の日常生活及び社会生活を総合的に支援するための法律及び児童福祉法の一部を改正する法律」（平成 28 年法律第 65 号。以下「改正法」という。）が本日公布され，改正法により新設された児童福祉法（昭和 22 年法律第 164 号）第 56 条の 6 第 2 項の規定が本日施行された。これにより，地方公共団体は，人工呼吸器を装着している障害児その他の日常生活を営むために医療を要する状態にある障害児（以下「医療的ケア児」という。）の支援に関する保健，医療，障害福祉，保育，教育等の連携の一層の推進を図るよう努めることとされたところである。

　ついては，各地方公共団体におかれては，下記の趣旨及び留意事項を十分ご理解の上，所管内の医療的ケア児の支援ニーズや地域資源の状況を踏まえ，保健，医療，障害福祉，保育，教育等の関係機関の連携体制の構築に向けて，計画的に取り組んでいただくようお願いする。

　また，各都道府県におかれては，貴管内市町村（指定都市及び中核市を除き，

特別区を含む。）に対する周知につき，各都道府県教育委員会におかれては所管の学校及び域内の市町村教育委員会に対して，各指定都市教育委員会におかれては所管の学校に対して，各都道府県知事及び構造改革特別区域法（平成14年法律第189号）第12条第1項の認定を受けた各地方公共団体の長におかれては所轄の学校及び学校法人等に対して，各国立大学法人学長におかれては附属学校に対する周知につき，それぞれお願いする。

　なお，本通知は，地方自治法（昭和22年法律第67号）第245条の4第1項の規定に基づく技術的な助言であることを申し添える。

（参考）児童福祉法第56条の6第2項

　地方公共団体は，人工呼吸器を装着している障害児その他の日常生活を営むために医療を要する状態にある障害児が，その心身の状況に応じた適切な保健，医療，福祉その他各関連分野の支援を受けられるよう，保健，医療，福祉その他の各関連分野の支援を行う機関との連絡調整を行うための体制の整備に関し，必要な措置を講ずるように努めなければならない。

記

1　児童福祉法第56条の6第2項の趣旨

　医療技術の進歩等を背景として，NICU等に長期間入院した後，引き続き人工呼吸器や胃ろう等を使用し，たんの吸引や経管栄養などの医療的ケアが必要な障害児（医療的ケア児）が増加している。このような医療的ケア児が在宅生活を継続していこうとする場合，その心身の状況に応じて，保健，医療及び障害福祉だけでなく，保育，教育等における支援も重要であり，また，当事者及びその保護者等が安心して必要な支援を受けるためには，関係行政機関や関係する事業所等が「利用者目線」で緊密に連携して対応することが求められている。

　このため，今回の法改正においては，地方公共団体は，医療的ケア児がその心身の状況に応じて適切な保健，医療，障害福祉，保育，教育などの関連分野の各支援を受けられるよう，関係機関との連絡調整を行うための体制整備を図るよう努めることとされており，地域における連携体制の構築の中心となる役割を担い，実効性のある取組につなげていただくことが期待されている。

　あわせて，各分野における取組も着実に進める必要があるため，以下のとおり，分野ごとの留意事項をとりまとめているので，今後の各分野の施策のニーズ調査，立案，計画，実施等の段階において，十分ご配意願いたい。

2 保健関係

　母子保健施策は，低出生体重児の届出，新生児の訪問指導，乳幼児健診などを通じて，市町村（特別区を含む。）の母子保健担当者が広く乳幼児及びその保護者等と接触する機会となっている。市町村（特別区を含む。）の母子保健担当者は，母子保健施策の実施を通じ，医療的ケア児であることを把握した場合には，当該医療的ケア児が心身の状況に応じて適切な支援が受けられるよう，その保護者等に対し，必要に応じ，関係課室等について情報提供を行うとともに，保護者等の同意を得て，関係課室等と必要な情報の共有に努めるようお願いする。

3 医療関係

(1) 在宅で生活している医療的ケア児やその家族が必要な訪問診療や訪問看護などの医療を受けながら生活することができる体制の整備が重要である。

　都道府県が小児・在宅医療の提供体制を構築するに当たっては，医療法（昭和23年法律第205号）第30条の4に規定する医療計画策定の参考として，「疾病・事業及び在宅医療に係る医療体制について」（平成24年3月30日付け医政指発0330第9号厚生労働省医政局指導課長通知。以下この3において「通知」という。）別紙「小児医療の体制構築に係る指針」において，一般小児医療を担う医療機関に求められる事項として，他の医療機関の小児病棟やNICU，PICU等から退院するに当たり，生活の場（施設を含む。）での療養・療育が必要な小児に対し支援を実施することや，通知別紙「在宅医療の体制構築に係る指針」において，退院支援から生活の場における療養支援，急変時の対応，看取りまで継続して医療が行われるよう，また，関係機関の信頼関係が醸成されるよう配慮すること等を示しており，関係機関間の連携体制構築について，十分ご配意願いたい。

(2) また，各都道府県が作成した事業計画に基づき実施する小児在宅医療を含めた居宅等における医療の提供に関する事業については，地域医療介護総合確保基金の活用が可能であり，これまでの実績として，小児在宅医療従事者育成のための研修会の開催や訪問看護ステーションを対象とした小児訪問看護相談窓口の設置等が実施されているところである。引き続き，その活用について十分ご配意願いたい。

4 障害福祉関係

(1) 医療的ケア児に関する地域のニーズや地域資源を把握し，必要な福祉的な支援に向けて計画的に体制を整備していくことが重要である。従来から，障

害児についての支援体制を計画的に整備するため，障害福祉計画において必要な記載に努めるよう基本指針（「障害福祉サービス及び相談支援並びに市町村及び都道府県の地域生活支援事業の提供体制の整備並びに自立支援給付及び地域生活支援事業の円滑な実施を確保するための基本的な指針」（平成18年厚生労働省告示第395号））において示してきたところであるが，改正法による改正後の児童福祉法第33条の19から第33条の25までの規定に基づき，各地方公共団体は障害児福祉計画を策定することが義務付けられ，平成30年4月1日より施行されることとなったことから，今後は，これらを活用して，医療的ケア児の支援の体制の確保を図るようお願いする。

(2) 特に，医療的ケア児を受け入れることができる短期入所や児童発達支援を必要としている医療的ケア児のための障害児通所支援等の確保が重要である。

平成28年度からは，障害者の日常生活及び社会生活を総合的に支援するための法律（平成17年法律第123号）に基づく地域生活支援事業について，短期入所事業所の整備を推進するため，新規開設事業者を対象として，既存施設の取組の好事例等についての講習会の実施等（医療型短期入所事業所開設支援）を補助対象としているところである。また，平成28年度診療報酬改定において，医療型短期入所サービスによるものを含めた医療的ケア児等の受入れの体制が充実している入院医療機関の評価が引き上げられたほか，医療型短期入所サービスの利用中の医療処置等について診療報酬を算定できることが明確化されている。

医療的ケア児の状態やその家族の状況を踏まえ，地域における短期入所や児童発達支援のニーズを適切に把握し，医療的ケア児を受け入れることができる事業所を計画的に確保するよう，ご配慮をお願いする。

5 保育関係

保育所等における保育は，保護者が就労している場合など保育を必要とする子どもに対して一般的に提供されるものであり，医療的ケア児についてもそのニーズを受け止め，これを踏まえた対応を図っていくことが重要である。

「平成27年度障害者支援状況等調査研究事業『在宅医療ケアが必要な子どもに関する調査』」によると，調査対象となった医療的ケアを行っている子ども（0〜5歳）のうち約2割の子どもが保育所・幼稚園等を利用しているという結果が出ており，子どもの対応や保護者の意向，受入体制などを勘案して受入をお願いする。また，医療的ケア児については，看護師等の配置が必要となる場合もあるため，医療的ケア児の保育ニーズに応えられるよう，看護師等の配置等についてご

配慮をお願いする。

　なお，子ども・子育て支援法に基づく基本指針（「教育・保育及び地域子ど
も・子育て支援事業の提供体制の整備並びに子ども・子育て支援給付及び地域子
ども・子育て支援事業の円滑な実施を確保するための基本的な指針」（平成 26 年
内閣府告示第 159 号））において，障害，疾病など社会的な支援の必要性が高い
子どもやその家族を含め，全ての子どもや子育て家庭を対象とし，一人一人の子
どもの健やかな育ちを等しく保障することを目指すこととされていることを踏ま
え，保育所等，幼稚園，認定こども園においても，医療的ケア児のニーズを受け
止め，これを踏まえた対応を図っていくことが重要である。

6　教育関係

　障害のある児童生徒等が，学校において，その年齢及び能力に応じ，かつ，そ
の特性を踏まえた十分な教育が受けられるようにするため，可能な限り障害のあ
る児童生徒等が障害のない児童生徒等と共に教育を受けられるよう配慮しつつ，
必要な施策を講じることについては，「障害のある児童生徒等に対する早期から
の一貫した支援について」（平成 25 年 10 月 4 日付け 25 文科初第 756 号文部科学
省初等中等教育局長通知）等においてかねてよりお願いしてきたところである。

　また，学校において，医療的ケアを行うに当たっての基本的な考え方や関係機
関との連携体制を整備することについては，「特別支援学校等における医療的ケ
アの今後の対応について」（平成 23 年 12 月 20 日付け 23 文科初第 1344 号文部科
学省初等中等教育局長通知）において示してきたところである。

　今後は，これらの基本的な考え方の下，今回の法改正の趣旨も踏まえ，医療的
ケア児やその保護者の意向を可能な限り尊重しつつ，都道府県教育委員会と市町
村教育委員会との連携に加え，関係部局や関係機関とも連携しながら，その教育
的ニーズにより一層適切に応えられるよう，以下のとおりご配慮をお願いする。

(1) 上記通知（平成 25 年 10 月 4 日付け 25 文科初第 756 号）の第 2「早期から
　　の一貫した支援について」でお示ししたとおり，市町村の教育委員会が，保
　　健，医療，福祉，労働等の関係機関と連携を図りつつ，医療的ケア児を含む
　　障害のある児童生徒等に対する，乳幼児期から学校卒業後までの一貫した教
　　育相談体制の整備を進めることが重要であり，都道府県の教育委員会におい
　　ては，専門家による巡回指導を行ったり，関係者に対する研修を実施したり
　　する等，市町村の教育委員会における教育相談支援体制に対する支援をお願
　　いする。

(2) 上記通知（平成 23 年 12 月 20 日付け 23 文科初第 1344 号）の「別添」でお

示ししたとおり，学校において医療的ケア児が安全に，かつ安心して学ぶことができるよう，医療的ケアを実施する看護師等の配置又は活用を計画的に進めるとともに，看護師等を中心に教員等が連携協力して医療的ケアに対応するなどの体制整備に努めていただくようお願いする。その際，文部科学省において実施している公立の特別支援学校及び小・中学校への看護師等の配置などに対する補助事業を活用することが可能である。また，小・中学校等の特別支援教育支援員の配置については，地方交付税により措置しているところである。

(3) 関係機関や関係部局と積極的に連携を行いながら，学校において医療的ケアを行う看護師等を確保するとともに，看護師等が学校において医療的ケア児に必要な対応を行う上で必要な研修の機会を充実するようお願いする。

(4) 看護師等の養成課程において，医療的ケア児を含む障害のある子供の特性を学ぶ機会について，協力を求められた場合には，教育委員会において，特別支援学校等で実習を受け入れるなど，積極的に協力することをお願いする。

7 関係機関等の連携に向けた施策

(1) 医療的ケア児とその家族を地域で支えられるようにするため，保健，医療，福祉，教育等の医療的ケア児支援に関わる行政機関や事業所等の担当者が一堂に会し，地域の課題や対応策について継続的に意見交換や情報共有を図る協議の場が必要である。そのため，地域において協議の場を設置し，定期的に開催することをお願いする。

　協議の場については，（自立支援）協議会，医療的ケア運営協議会，慢性疾病児童等地域支援協議会，地方版子ども・子育て会議等の既存の会議の枠組みを活用することも考えられる。また，都道府県単位の設置・開催だけでなく，二次医療圏や障害保健福祉圏域，市町村単位の設置・開催も想定されるので，地域の実情に応じて検討することをお願いする。

(2) 一人一人の医療的ケア児のためには，福祉や医療等の関係分野について一定の知識を有した者により，その暮らしの設計を手助けできる調整者が必要である。そのため，地方公共団体等において重症心身障害児者等及び医療的ケア児の支援をコーディネートする者の育成を進めていくことをお願いする。

(3) 地方公共団体の医療的ケア児の支援に関わる課室等は，保健，医療，障害福祉，保育，教育等の幅広い分野のものとなることから，互いの連携体制を確保することが必要である。そのために，関係課室等が日頃から相談・連携できる関係性の構築に努めていただきたい。なお，連携体制の構築にあたっ

ては，地域における連携体制の構築において先駆的に取り組んでいる地方公共団体の事例をまとめた「在宅医療及び障害福祉サービスを必要とする障害児等の地域支援体制構築に係る医療・福祉担当者合同会議」，「小児等在宅医療連携拠点事業」，「重症心身障害児等の地域支援に関するモデル事業」等の資料を参考に，地域の特性を踏まえつつ，連携体制構築の取組の推進をお願いする。

索 引

●編者紹介

津島 ひろ江（つしま ひろえ）

関西福祉大学名誉教授，博士（学校教育学）

【主要著書】

『保健指導必携 記録に基づいた保健指導』（編著，中央法規出版，2004）

『看護学生・新人のための看護ケアに活かす感染対策入門ガイド』（共編，診断と治療社，2013）

『学校における養護活動の展開（改訂10版）』（編集代表，ふくろう出版，2023）

荒木 暁子（あらき あきこ）

東邦大学看護学部教授，博士（看護学）

【主要著書】

『実践・乳児保育』（共編著，同文書院，2019）

『サルコペニアを防ぐ！看護師によるリハビリテーション栄養』（共編著，医学書院，2017）

『子どもの保健・実習（第3版）』（共編著，同文書院，2019）

吉利 宗久（よしとし むねひさ）

岡山大学学術研究院教育学域教授，博士（学校教育学）

【主要著書】

『アメリカ合衆国におけるインクルージョンの支援システムと教育的対応』（著，渓水社，2007）

『新しい特別支援教育：インクルーシブ教育の今とこれから（共生社会の時代の特別支援教育 第1巻）』（共編著，ぎょうせい，2018）

『特別支援教育・インクルーシブ教育のかたち』（共編著，培風館，2023）

●執筆者紹介 （執筆順）

吉利 宗久 （よしとし むねひさ）　　［第 1 章］
　　編者紹介参照

津島 ひろ江 （つしま ひろえ）　　［第 2 章 （2.1〜2.5 節，2.7 節）］
　　編者紹介参照

木村 真規子 （きむら まきこ）　　［第 2 章 （2.6 節）］
　　広島市立基町高等学校養護教諭，前広島市立広島特別支援学校養護教諭

津田 聡子 （つだ さとこ）　　［第 3 章 （3.1 節），第 4 章］
　　中部大学生命健康科学部准教授，博士 （保健学）

滝澤 由佳里 （たきざわ ゆかり）　　［第 3 章 （3.2 節）］
　　神戸市立いぶき明生支援学校養護教諭

丸山 有希 （まるやま ゆき）　　［第 3 章 （3.3 節）］
　　神戸大学大学院保健学研究科保健学研究員，博士 （保健学）

貴志 知恵子 （きし ちえこ）　　［第 3 章 （3.4 節）］
　　徳島文理大学人間生活学部准教授，博士 （学校教育学）

荒木 暁子 （あらき あきこ）　　［第 5 章］
　　編者紹介参照

小林 瑞穂 （こばやし みずほ）　　［第 5 章 （5.1〜5.2 節）］
　　難病の子どもとその家族へ夢を 訪問看護ステーションダイジョブ，小児看護専門看護師

熊谷 智子 （くまがい ともこ）　　［第 5 章 （5.3〜5.4 節）］
　　思葉会 MEIN HAUS 重症児児童発達支援・放課後等デイ管理者，小児看護専門看護師

池添 志乃 （いけぞえ しの）　　［第 6 章］
　　高知県立大学看護学部教授，博士 （看護学）

医療的ケア児の健康管理における養護教諭の役割
──教育・保健・医療・福祉の協働を目指して

2023 年 11 月 10 日　第 1 刷発行

編　　者　津　島　ひろ江
　　　　　荒　木　暁　子
　　　　　吉　利　宗　久
発 行 者　柴　田　敏　樹
印 刷 者　藤　森　英　夫
発 行 所　株式会社　誠　信　書　房
　　　　　〒112-0012　東京都文京区大塚 3-20-6
　　　　　電話 03（3946）5666
　　　　　https://www.seishinshobo.co.jp/